Mitten unter euch ...

KONKRETE LITURGIE

herausgegeben von Guido Fuchs

HELMUT SCHLEGEL OFM

Mitten unter euch ...

Kreativ Gottesdienst feiern
in der Advents- und Weihnachtszeit

VERLAG FRIEDRICH PUSTET
REGENSBURG

Bibliografische Information der Deutschen Nationalbibliothek
Die Deutsche Nationalbibliothek verzeichnet diese Publikation in der Deutschen Nationalbibliografie; detaillierte bibliografische Daten sind im Internet über http://dnb.dnb.de abrufbar.

Gutenbergstraße 8 | 93051 Regensburg
Tel. 0941/920220 | verlag@pustet.de

ISBN 978-3-7917-3207-7
Reihen-/Umschlaggestaltung und Layout: Martin Veicht, Regensburg
Umschlagbild: Jürgen Heegmann
Satz: Medienbüro Monika Fuchs, Hildesheim
Druck und Bindung: Friedrich Pustet, Regensburg
Printed in Germany 2020

eISBN 978-3-7917-6190-9 (epub)

INHALT

MEDITATIVE GOTTESDIENSTE IN DER DER WEIHNACHTSZEIT

VORWORT

Liturgie ist eine bewegende Erfahrung. Menschen bewegen ihr Leben, bringen es vor Gott in allen seinen Farben und Spielarten, alles kommt vor und alles hat Raum. Gewiss hat gute Liturgie auch eine Statik: Verlässliche Formen, vertraute Lieder, gewohnte Gebete. Sie tun gut, um sich daheim zu fühlen. Aber nie darf Liturgie zum starren Ritual werden.

Liturgie ist auch eine bewegte Erfahrung: Es ist die heilende und heilige Geistkraft, die bewegt. Darum ist Liturgie mehr warten als machen, mehr hören als reden, mehr Passion als Aktion.

Die Liturgiemodelle in diesem Buch haben sowohl meditative als auch kreative Elemente: Sie wollen einladen, mit allen Sinnen zu feiern: schauend, hörend, riechend, schmeckend, spürend. Sie wollen zur Stille anregen, um Gott aus der Tiefe sprechen zu hören. Die kreativen Elemente sind dazu keine Gegensätze. Im schöpferischen Tun und Erfahren, im Probieren und Experimentieren haben wir Menschen teil an der schaffenden Geistkraft Gottes, werden wir mehr und mehr zum Bild des schaffenden Gottes.

Gerade die Advents- und Weihnachtszeit lädt zu meditativ-kreativen Gottesdiensten ein. Sie können ein befreiender Gegenpol in einer Zeit werden, in der wir uns selbst oft so sehr unter Druck setzen. Und keine andere Zeit hält eine so große Fülle an Bildern, Symbolen und Zeichenhandlungen bereit wie diese.

Eine große Zahl der hier vorliegenden Liturgien ist im Frankfurter Zentrum für christliche Meditation und Spiritualität entstanden und erprobt worden. Darum sage ich an dieser Stelle den Kolleginnen Dank, mit denen ich 12 Jahre in diesem Projekt arbeiten durfte: Sr. Beate Glania MMS, Sr. Kristina Wolf MMS, Sr. Mary Pullattu MMS, Ricarda Moufang und Andrea Maschke.

Juni 2020 *Helmut Schlegel OFM*

MEDITATIVE GOTTESDIENSTE IM ADVENT

WIE WEIHRAUCH STEIGE MEIN GEBET VOR DIR AUF

ERSTER ADVENTSSONNTAG

Vorbereiten
An verschiedenen Stellen des Raumes sind aufgestellt:

- eine Mülltonne mit Inhalt,
- der Adventskranz, umgeben von wohlduftenden Kräutern, Gewürzen, Früchten u. a.
- einige Schalen mit Sand und Kohlen sowie
- verschiedene Weihrauchsorten mit Namensschildchen.
- Gebetszettel mit Weihrauchgebet nach Ps 141 für alle Teilnehmer*innen

Instrumentalmusik

Einstimmen Herzlich begrüßen wir Sie zu diesem Gottesdienst am ersten Advent. Mit diesem Sonntag beginnt eine erfüllte und heitere Zeit. Advent ist eine Zeit voller Düfte: Bratäpfel, wohlriechende Kerzen, Tannenduft, Gewürze für die Weihnachtsbäckerei.

Da mutet es eigenartig an, dass in den biblischen Texten an den Geruch von Pech und Schwefel, an Gestirne, die vom Himmel fallen, und an angsterfüllte Menschen, die aus ihren Häusern fliehen, erinnert wird. Es sind apokalyptische Bilder, die wir nicht aus dem Advent verdrängen können. Wie viele Menschen leiden unter Angst und Gewalt! Sie warten auf unser Mitgefühl, unsere Solidarität und nicht zuletzt auf unser Gebet.

Sie haben es schon erraten: Es wird in diesem Gottesdienst um Gerüche gehen. Wir laden Sie auf eine Entdeckungsreise mit der Nase ein.

Zu Beginn zeichnen wir ein Kreuz über uns und die Welt. Wir beginnen im Namen des Vaters und des Sohnes und des Heiligen Geistes. Amen.

STATION 1: ES STINKT ZUM HIMMEL

Jemand bringt eine Mülltonne und öffnet sie.

Impuls

Eine offene Mülltonne – wer näher hingeht, riecht es schnell: Es müffelt nicht ein bisschen, nein, es stinkt. Fäulnis, Moder, Verdorbenes.
In Wirklichkeit gibt es noch schlimmere Gerüche. Etwa in den Krankenhäusern und Altenheimen: Desinfektionsmittel und Wundgeruch, Urin und volle Windeln, der sterile Plastikgeruch der Schläuche …
In seiner drastischen Sprache lässt der Prophet Amos Gott sprechen:

Hören

„Den Gestank eures Heerlagers ließ ich euch in die Nase steigen. Und dennoch seid ihr nicht umgekehrt zu mir – Spruch des HERRN.“ (Amos 4,10b)

Es stinkt Gott gewaltig, wie Menschen mit seiner Schöpfung und miteinander umgehen. Und Amos fährt fort:

„Ich hasse eure Feste, ich verabscheue sie und kann eure Feiern nicht riechen. Wenn ihr mir Brandopfer darbringt, ich habe kein Gefallen an euren Gaben und eure fetten Heilsopfer will ich nicht sehen. Weg mit dem Lärm deiner Lieder! Dein Harfenspiel will ich nicht hören, sondern das Recht ströme wie Wasser, die Gerechtigkeit wie ein nie versiegender Bach.“ (Amos 5,21–24)

Jesus spricht im Evangelium eine ähnliche Sprache:

„Sofort nach den Tagen der großen Drangsal wird die Sonne verfinstert werden und der Mond wird nicht mehr scheinen; die Sterne werden vom Himmel fallen und die Kräfte des Himmels werden erschüttert werden. Danach wird das Zeichen des Menschensohnes am Himmel erscheinen; dann werden alle Völker der Erde wehklagen und man wird den Menschensohn auf den Wolken des Himmels kommen sehen, mit großer Kraft und Herrlichkeit." (Mt 24,29 f.)

Bei Gestank wenden wir uns schnell ab. Der Advent will uns mahnen, uns abzuwenden von Egoismus, Gier und Gewalt. Das ist die eine Seite. Die andere werden wir gleich kennenlernen.

Jemand deckt die Mülltonne wieder zu.

STATION 2: ES DUFTET NACH LEBEN

Alle gehen zur zweiten Station und stellen sich um den Adventskranz, der in der Mitte des Raumes steht. Dieser ist garniert mit diversen Früchten, Gewürzen, Duftstoffen u. a. Wir lassen Zeit zu schauen …

Impuls

Orangen, Zimt, Nelken, Feigen, Rosmarin, Lavendel, Duftkerzen, Früchte, Gewürze.
Da freut sich nicht nur die Nase, das tut auch unserer Seele gut.

Etwa 10 000 Gerüche können wir wahrnehmen. Unsere kleine Nase besitzt Millionen von Riechrezeptoren. Gerüche lösen Stimmungen aus, sie erreichen die letzten Winkel der Seele. Gerüche haben auch mit unseren Beziehungen zu tun: Wir können einander gut riechen – oder auch nicht. Die Liebe geht nicht nur durch den Magen, sondern auch durch die Nase.

Geht der Glaube auch durch die Nase? Kann ich Gott gut riechen? Auch da finden wir einen Text aus der Bibel. Im Buch Sirach des ersten Testamentes heißt es:

Hören „Wie Zimtstrauch und duftender Stechdorn, wie erlesene Myrrhe verströmte ich Wohlgeruch; wie Galbanum, Onyx und Stakte und wie Weihrauchduft im Zelt. Ich breitete wie eine Terebinthe meine Zweige aus und meine Zweige sind Zweige von Herrlichkeit und Anmut." (Sirach 24,15 f.)

Vertiefen Wir laden Sie heute zu einem „Nasengebet" ein. Nehmen Sie dazu ein Gewürz oder eine Frucht, die oder das Sie gerne mögen. Nehmen Sie es erst in die Hand und hören Sie.

Jede/r kann sich von einem Tablett eine Frucht oder ein Gewürz oder einen anderen Duftstoff nehmen.

Bevor du daran riechst,
gib deiner Nase ein wenig Zeit.
Schließe die Augen und atme tief.
Lass die Luft aus- und einströmen
und spüre, was sich im ganzen Körper tut.
Spüre, was sich in der Seele tut,
wenn du atmest.
Du riechst das Leben.

Rieche nun an der Frucht, an dem Gewürz oder Duftstoff.
Genieße den Wohlgeruch.
Lass ihn zu einem Gebet werden.

Instrumentalmusik

Hören Jesus sagt im Evangelium:
„Lernt etwas aus dem Vergleich mit dem Feigenbaum! Sobald seine Zweige saftig werden und Blätter treiben, erkennt ihr, dass der Sommer nahe ist. So erkennt auch ihr, wenn ihr das alles seht, dass

das Ende der Welt nahe ist. Amen, ich sage euch: Diese Generation wird nicht vergehen, bis das alles geschieht. Himmel und Erde werden vergehen, aber meine Worte werden nicht vergehen." (Mt 24,32–35)

Sobald es duftet nach Kerzen, Zimt, Früchten und Gewürzen, wisst ihr, dass eine heilige Zeit nahe ist. Es ist die Zeit des Advents. Christus kommt. ER selbst mahnt uns zur Wachsamkeit:

„Seid also wachsam! Denn ihr wisst nicht, an welchem Tag euer Herr kommt. (…)
Darum haltet auch ihr euch bereit! Denn der Menschensohn kommt zu einer Stunde, in der ihr es nicht erwartet." (Mt 24,42.44)

Die erste Kerze am Adventskranz wird angezündet.

Instrumentalmusik

STATION 3: WIE WEIHRAUCH STEIGE MEIN GEBET VOR DIR AUF

Alle versammeln sich um den Altar. Auf dem Altar stehen eine Weihrauchschale und unterschiedliche Weihrauchkörner.

Beten Weihrauch ist der Duft der Hingabe. Während er sich hier verströmt, sprechen wir gemeinsam das Weihrauchgebet nach Psalm 141:

Herr, ich rufe zu dir. Eile mir zu Hilfe; /
höre auf meine Stimme, wenn ich zu dir rufe.

Wie Weihrauch steige mein Gebet vor dir auf;
als Hingabe gelte vor dir, wenn ich meine Hände erhebe.

Herr, stell eine Wache vor meinen Mund, /
behüte das Tor meiner Lippen!

Gib, dass mein Herz sich bösen Worten nicht zuneigt,/
dass ich nichts tue, was verwerflich ist,
zusammen mit Menschen, die Unrecht tun.

Gott, meine Augen richten sich auf dich; /
bei dir berge ich mich. Bewahre mein Leben!

Frei formuliert nach Versen aus Psalm 141

Impuls

Lassen wir uns in der Stille Zeit zum Riechen. Vergessen wir dabei die schlechten Gerüche nicht. So viele Menschen leiden unter ihnen: Menschen in Krisen und Kriegsgebieten, Menschen in den Slums oder auch jene, die in Krankenhäusern und Altenheimen leben. Mit aushalten und das Leid vor Gott tragen – auch das ist eine Art der Solidarität. Wer will, kann auch ein Gebet der Verbundenheit aufschreiben und zum Adventskranz legen.

Hier an dieser Station sind Sie eingeladen, mit verschiedenen Weihrauchsorten zu räuchern. Unser stilles Gebet mag sehr verschieden sein, so verschieden wie die Namen dieser Weihrauchkörner:

Kyrie eleison – Herr erbarme dich
Gloria Dei – Gott gebührt Ehre
Te deum – Dich, Gott, loben wir
Magnificat – Meine Seele preist Gott
Resurrexit – Christus ist auferstanden
Pax tecum –Der Friede sei mit dir.

Bitten

Gott des Lebens,
der Geruch der Zerstörung und des Todes erfüllt uns mit Angst und Schrecken. Er liegt uns in der Nase und erinnert uns an die gequälte Schöpfung. Der Duft des Lebens erfüllt uns mit Dankbarkeit für deine Gegenwart in unserer Schöpfung.

Lass uns selbst ein Wohlgeruch sein, der ein Zeichen deiner Gegenwart in der Welt ist. Lass uns wachsam und bereit durch diese Adventszeit gehen und die Ankunft Jesu, deines Sohnes, freudig erwarten.

Vaterunser *gemeinsam beten*

Segnen Gott öffne seinen Himmel
und lasse den Tau des Gerechten auf uns herabkommen.
Er tränke die Saat unserer Hoffnungen
und erfrische unseren müden Glauben.
Er wecke uns aus gleichgültiger Müdigkeit
und lass uns bereit sein für den Tag, an dem er kommt.
Das gebe uns Gott, Vater und Mutter.
Das gebe uns Jesus Christus, Bruder und Freund.
Das gebe uns die Heilige Geistkraft, Leben und Atem.
Amen.

Singen *nach Psalm 141*

Zum Himmel heb ich meine Hände
und suche, Gott, dein Angesicht.
Ich danke dir, du warst auch heute
mein Fels und meine Zuversicht.

Ich will dir frohe Lieder singen
mit Herz und Zunge lob ich dich:
Ich weiß mich bei dir aufgehoben,
in deinen Armen birgst du mich.

Leg deine Hand auf meine Lippen,
stell eine Wache an mein Ohr.
Entmachte alle dunklen Kräfte,
verschließ dem Bösen Tür und Tor.

Dein Engel steh an meinem Lager,
er nehme weg, was mich bedrückt,
freu sich mit mir an allem Guten
und bring vor dich, was mir geglückt.

Gott, sei mir in der Nacht zugegen,
gib meinem Körper Stille Ruh,
schenk meiner Seele bunte Träume,
deck mich mit deinem Frieden zu.

Helmut Schlegel | © Dehm Verlag

JEMAND MUSS ZUHAUSE SEIN, WENN DU KOMMST

GOTTESDIENST IM ADVENT

Einstimmen

Endlich – Advent. Endlich Zeit für Kerzen. Endlich, nach dem langen November, Licht im Dunkeln – jede Woche eine Kerze mehr. Endlich Adventskalender, Weihnachtsmärkte, Geschenklisten, Lichterketten. Aber auch das ist Advent: Überfüllte Straßen, hektische Betriebsamkeit, Zeit der Ungeduld, unerfüllbare Wünsche, Druck zum Jahresende.

Warten und Wachen sind die Themen des Evangeliums. Warten auf eine Ankunft, auf Gottes Ankunft. Warten heißt: Aufmerksam hinschauen: Unter den vielen ist er, aber wo? Der geliebte Mensch, der verborgene Gott, wo? Warten ist anstrengend, es braucht meine ganze Präsenz.

Advent geht nur im Warten. Geht nur, wenn ich auch hin und wieder aussteige, das Vielerlei um mich herum loslasse. Früher war Advent eine Zeit des Fastens, eine Zeit des „Weniger-ist-mehr". Geht das? Es ist einen Versuch wert.

Vor Gott bringen

Im Dunkel der Nacht warten wir auf das Dämmern deines Lichts. In den langen Nächten suchen wir den Himmel ab nach deiner Leuchtspur.
Wir warten auf dich, Herr, und vertrauen deiner Verheißung: Du wirst kommen. Deine Hand wird unsere Wunden heilen, und unsere Herzen werden zur Ruhe kommen in deiner Gegenwart.
Komme schnell, maranatha! Amen.

aus Indien

Singen

Du ewiges Sein,
ich finde mich ein,
dein Antlitz zu schauen
und dir zu vertrauen.
Was mein ist, wird dein,
was dein ist, wird mein.

Du ewiges Sein,
ich finde mich ein,
dein Atmen zu spüren,
dein Herz zu berühren.
Was mein ist, wird dein,
was dein ist, wird mein.

Du ewiges Sein,
ich finde mich ein,
bei dir zu verweilen,
mein Leben zu teilen.
Was mein ist, wird dein,
was dein ist, wird mein.

Du ewiges Sein,
ich finde mich ein;
lass mich von dir führen
zu himmlischen Türen.
Was mein ist, wird dein,
was dein ist, wird mein.

Du ewiges Sein,
ich finde mich ein,
in göttlicher Fülle
die Sehnsucht zu stillen.
Was mein ist, wird dein,
was dein ist, wird mein.

Helmut Schlegel | *© Dehm Verlag*

Hören

Mk 13,33–37

Vertiefen

Eigentlich bin ich ziemlich müde. Müde vom Novemberdunkel, müde von Nachrichten über Krieg, Flucht und Katastrophen. Und oft schlafe ich schlecht und träume wild. Mal wieder die ganze Nacht durchschlafen, wie schön wäre das! Wenn ich daran denke, tut es mir weh, dieses „Wach bleiben".
Wozu wachen? Worauf warten? Glauben Sie wirklich, dass Gott in diesem Advent kommt? Oder Jesus?

Und doch können wir ohne dieses Wachen und Warten nicht leben. Sind Sie jemals zufrieden? Gesättigt? Sind wir nicht tot, wenn wir nicht mehr geweckt werden? Sind wir nicht tot, wenn wir uns abfinden mit dem, was ist? Ist nicht jeder Atemzug ein Hoffen auf das, was kommt? Sind nicht unsere Wünsche nur die Oberfläche von Wünschen, die tiefer liegen? Wenige haben dieses innere Warten so einfühlsam beschrieben wie die Benediktinerin Silja Walter in ihrem „Gebet des Klosters am Rand der Stadt".

Wir laden Sie ein, Auszüge aus diesem Text zu hören. Wir werden nach jeder Strophe eine Stille halten, um uns selbst besser wahrzunehmen. Bei der letzten Strophe sind Sie eingeladen, in das gesummte Lied einzustimmen und unser adventliches Warten so vor Gott zu bringen.

Die Kirche wird abgedunkelt.
Eine Kerze wird in die Mitte (oder auf den Altar) gestellt.
Ein Gong ertönt.

*Der folgende Text wird von zwei Sprecher*innen vorgetragen und nach jeder Strophe für eine besinnliche Stille unterbrochen. I spricht den Text des Gedichts von Silja Walter, II spricht meditative Gedanken zu den einzelnen Strophen.*

I Jemand muss zuhause sein,
Herr,
wenn du kommst.
Jemand muss dich erwarten,
oben auf dem Berg
vor der Stadt.

Jemand muss nach dir Ausschau halten,
Tag und Nacht.
Wer weiß denn, wann du kommst?

II Zu Hause.
Mein Körper ist mein Zuhause.
Ich spüre jeden Schmerz, jede Lust,
jeden Nervenkitzel.
Ich freue mich am Wunder meines Leibes.
Ich leide an der Müdigkeit,
an der Krankheit, am Alter.

Meine Seele ist mein Zuhause.
Ich bewohne meine Gedanken.
Ich wärme mich am Feuer meiner Gefühle.
Mein Geist ruht in der Stille.
Zu Hause sein.
Bei mir zu Hause.
Mich aushalten.
Mich genießen.
Den Wohnraum meines Ich durchschreiten.

Zwei bis drei Minuten Stille (evtl. leise Musik)

I Herr,
jemand muss dich kommen sehen
durch die Gitter
seines Hauses,
durch die Gitter –
durch die Gitter deiner Worte,
deiner Werke,
durch die Gitter der Geschichte,
durch die Gitter des Geschehens

immer jetzt und heute
in der Welt.

Jemand muss wachen
unten an der Brücke,
um deine Ankunft zu melden,
Herr,
du kommst ja doch in der Nacht
wie ein Dieb.

II Ganz nahe am Fenster.
Ganz nahe zur Welt.
Mit den Augen, den Ohren, den Sinnen.
Durch meine Sinnesfenster spüre ich die Welt.
Und „die Welt ist Gottes so voll“ (Alfred Delp)
Ich sehe dich kommen,
du unsichtbar-sichtbares Licht.
Deinen Advent erwarte ich.
Ich stehe am Fenster und warte.
Auf dich.

Zwei bis drei Minuten Stille (evtl. leise Musik)

I Und jemand muss singen,
Herr,
wenn du kommst,
das ist unser Dienst:
Dich kommen sehen und singen.
Weil du Gott bist.
Weil du die großen Werke tust,
die keiner wirkt als du.
Und weil du herrlich bist
und wunderbar wie keiner.

Komm, Maranatha!
Hinter unsern Mauern
unten am Fluss
wartet die Stadt
auf dich.

Silja Walter

II

Ich spüre, wie es singt in mir.
Geheimnisvolle Töne höre ich.
Es singen nicht Mund und Lippen.
Es singt das Herz in mir.
Mein stummes Lied
sammelt Töne und Rhythmen
und tönt in den Raum.
Mein Lied.
Für dich, Gott.

*Eine*r beginnt zu summen. Andere stimmen ein. Das Summen erfasst alle. Jede*r findet seinen/ihren Ton und kann mit den Tönen spielen. Der Klangteppich kommt und geht, wird leiser und lauter, wie es sich ergibt. Wenn er langsam abebbt, spricht (oder singt in freier Melodie) jemand:*

Komm, Maranatha!
Hinter den Mauern unserer Herzen
wartet die Stadt
wartet das Land
wartet die Welt
auf dich.

Bitten

Bruder Jesus,
unsere lärmüberfluteten Ohren,
unsere zweifelnden Augen
unsere gebetsmüden Münder –
du weißt darum.
Maranatha.

Bruder Jesus,
unser Warten auf den Morgen,
unsere Spannung in den Gliedern,
unsere Sehnsucht im Herzen –
du weißt darum.
Maranatha.

Bruder Jesus,
dein Licht in unserem Dunkel,
deine Treue in unseren klopfenden Herzen,
deine Zusage auf unserem Weg –
wir wissen darum.
Maranatha.

Längere Stille

Segnen

nach Psalm 40
Stärk mir den Rücken, guter Gott,
dass ich in Würde aufrecht gehe,
zu mir und meinen Fehlern stehe.
Stärk mir den Rücken, guter Gott.

Hauch deinen Atem, guter Gott,
dass ich dein Leben in mir spüre,
und mein Vertrauen nicht verliere,
hauch deinen Atem, guter Gott.

Schärf meine Sinne, guter Gott,
dass ich mich zu entscheiden wage,
und furchtlos Recht und Wahrheit sage.
Schärf meine Sinne, guter Gott.

Sprich du mir Mut zu, guter Gott,
dass ich die Kraft in mir entdecke
und mich kein Widerstand erschrecke.
Sprich du mir Mut zu, guter Gott.

DEN TRÄUMEN TRAUEN

AN EINEM ADVENTSABEND

Vorbereiten

- In der Mitte des Raumes ist eine Josefsfigur (evtl. aus der Krippe) aufgestellt.

Einstimmen Herzlich begrüße ich Sie zu dieser Feier. Sie kommen nach einem ausgefüllten Tag hierher. Da tut es gut, ruhig zu werden und sich auf das einzustimmen, was den Advent ausmacht: die Ankunft Gottes bei uns.

Ich habe heute eine Figur mitgebracht, die zur Weihnachtskrippe dazugehört wie das Kind, die Mutter des Kindes, die Hirten und die Schafe: Josef von Nazaret. Und obwohl er ja in der Mitte der Krippe steht, direkt neben dem Kind, kennen wir ihn kaum. Er war Zimmermann von Beruf, heißt es in der Bibel. Wahrscheinlich war er ein Bauhandwerker, der mit Steinen und Holz gearbeitet hat. Ansonsten wissen wir wenig von diesem Mann. Er war still, aber keineswegs ein Duckmäuser oder Leisetreter. Josef war ein Mensch, der da war, wo er gebraucht wurde. Die Bibel beschreibt uns im Lukasevangelium, dass sich Josef mit seiner Verlobten Maria und mit dem ungeborenen Kind auf den Weg machte – von Nazaret nach Betlehem, wo das Kind geboren wurde. Das war sein Adventsweg. Wir gehen auch einen Weg durch den Advent hin zum Fest der Menschwerdung. Vielleicht kann uns da dieser Josef Begleiter sein. Vielleicht schauen wir auf ihn und fragen: Wie hast du das gemacht? Und wie können wir heute unseren Weg gehen?

Vor Gott bringen

Guter Gott,
Gerade in dieser Zeit spüren wir unsere Sehnsucht nach Frieden, Gerechtigkeit und Liebe. Wir glauben, du bist es, der uns diese Sehnsucht ins Herz gepflanzt hat, und du willst, dass sie erfüllt werde.
Auf dem Weg durch den Advent ist Josef von Nazaret für uns ein lichtvoller Wegbegleiter.
Gib uns Ohren, die hören können wie er. Dann können wir in der Stille dein Wort vernehmen.
Gib uns Hände, die zupacken können wie er. Dann können wir tun, wozu du uns berufen hast.
Gib uns Geduld, die ungelösten Fragen auszuhalten wie er. Dann können wir warten, bis du uns Antwort gibst.

Hören Mt 1,18–25

Vertiefen

Kein einziges Wort ist uns von Josef überliefert. Auch in dem Text, den wir gerade gehört haben, sagt er nichts. Und doch spricht er bis heute mit eindringlicher Sprache.

Er spricht in einer Sprache, die heute in einer oft so geschwätzigen Zeit ganz fremd und doch ganz wichtig ist – die Sprache des Schweigens. Im Schweigen hören wir besser. Josef hat diese Sprache verstanden, darum ist sein Schweigen so wertvoll. Er zeigt mir, was wichtig ist: einmal nur zuhören, nicht sofort etwas erwidern. Auch die Kritik aushalten. Ab und zu in die Stille gehen. Den inneren Betrieb ruhen lassen.

Die Bibel sagt uns, dass Josef die Sprache der Träume verstand. Immer wieder wird er im Traum auf das hingewiesen, was wirklich zählt: die Führung Gottes. Gott überrascht uns oft mit seinen Plänen – wie damals Josef. „Steh auf, nimm das Kind und seine Mutter, und flieh nach Ägypten; dort bleibe, bis ich dir etwas anderes auftrage.“ (Mt 2,13) Und wieder: „Steh auf, nimm das Kind und seine Mutter und zieh in das Land Israel; denn die Leute, die dem Kind nach dem Leben getrachtet haben, sind tot." (Mt 2,20) – Josef ist kein Mensch des Stillsitzens. Er steht auf und geht – auf Gottes Geheiß. Er geht, ohne den Weg zu kennen. Allein die Zuversicht und der feste Glaube an Gott leiten ihn.

Gibt es nicht in jedem Leben so etwas wie Führung? Einen roten Faden, der sich durchzieht und den wir oft gar nicht sehen? Vielleicht lässt er sich in der Adventszeit entdecken.

Josef blieb. Die Treue hielt ihn. Auch dann, wenn viele und vieles dagegensprach. Er blieb bei Maria, die ein Kind erwartete, das nicht seines war. Er blieb bei diesem Kind, das schon in jungen Jahren bedroht wurde. Er wollte ihm Halt bieten und es schützen.

Bleiben. Das ist nicht sitzen bleiben, sondern treu bleiben. Zu einer Entscheidung stehen, die ich getroffen habe. Zum Wort stehen, das ich gegeben habe. Zu Menschen stehen, die ich mir vertraut gemacht habe. Braucht die Welt heute nicht gerade dieses Bleiben? Das kann anstrengend sein. Treue kostet Kraft. Aber sie ist das Fundament eines gelingenden Lebens. Sie erinnert uns daran, dass wir alle von der Treue Gottes leben.

Alternative Dialog mit Josef
*(vorgetragen von zwei Sprecher*innen)*

I Du stehst am Rand, Josef.
Von dir ist nur in Nebensätzen die Rede.
Du selbst sagst nichts.
Kein Wort ist uns von dir überliefert.
Aber heute bist du in unserem Blickfeld.
Du tust etwas.
Nicht irgendetwas.
Du tust, was der Engel dir sagt.

II Ihr könnt euch nicht vorstellen, wie sehr ich gelitten habe.
Maria erwartete ein Kind.
Und ich, ihr Verlobter, wusste nicht, wer der Vater ist.
Durch das Wirken des Heiligen Geistes, sagte sie.
Aber wer kann das begreifen?
Ich war zerrissen zwischen Zweifel und Vertrauen.
Ich werde mich in aller Stille von ihr trennen, beschloss ich.

I Ich kann das gut nachfühlen, Josef.
Wie konntest du vertrauen, wenn alles dagegensprach?
Wie konntest du glauben, wenn solche Zweifel an dir nagten?
Ich kenne diese Not:
Durch eine dunkle Nacht gehen, auch wenn ich kein Licht sehe.
Das ist unendlich schwer. –
Aber du hattest einen Traum …

II Es war in Wahrheit viel mehr als ein Traum.
Es war ein Wort, das mich nicht mehr losließ.
Es war eine Gewissheit, die in mir wuchs:
Gott ist mit mir.
Mit uns.
Mit Maria – ihr Kind ist aus Gott.
Aber auch mit mir – mein Glaube ist aus Gott.
Darum fürchte ich mich nicht mehr vor meinen Zweifeln.
Gott ist mit uns.
Auch wenn die Fragen bleiben.
Das ist mehr als ein Traum.

Bitten Gott, du hast uns zugesagt, dass du uns treu bleibst, auch dann, wenn wir an deinem Wort zweifeln oder zu fallen drohen. Du hast uns ermutigt, mit allem, was uns bewegt, zu dir zu kommen und dich zu bitten. Es bewegt uns, dass unser Glaube ständig in Bewegung ist zwischen bleiben und aufbrechen, danken und stumm sein, Freude und Enttäuschung.

Stille

Es bewegt uns, dass Frauen und Männer, die ihr Glück mit einem Partner oder einer Partnerin gesucht haben, um einen gemeinsamen Weg ringen oder gar eines Tages vor den Trümmern ihrer Beziehung stehen.

Stille

Es bewegt uns, dass die Welt von einem existentiellen Abgrund bedroht wird, den wir beschönigend „Klimakrise“ nennen. Mehr und mehr gerät unsere Gewissheit ins Wanken, dass alles machbar ist und wir uns alles nehmen dürfen. Die ganze Welt hielt den Atem an, als der Corona-Virus über die Menschheit hereinbrach. Ob es uns eine Lehre ist?

Stille

Es bewegt uns, dass Kinder ohne Liebe aufwachsen müssen und seelisch verwahrlosen. Es bewegt uns, dass wir Erwachsene oft nur unsere Welt und unsere Sorgen sehen.

Stille

Es bewegt uns, dass in unserem Land viele in Altersarmut, Obdachlosigkeit und in Angst vor Fremdenhass leben müssen, während sich viele von dieser Not nicht berühren lassen.

Stille

Es bewegt uns, dass unser Leben begrenzt ist und dass uns der Tod viele unserer Nahestehenden bereits genommen hat. Es tröstet uns die Hoffnung, dass sie bei dir ein Zuhause finden.

Stille

Lass uns das alles in ein schlichtes Gebet kleiden: Du, Gott, wirst uns tragen und niemals im Stich lassen. Darauf verlassen wir uns heute und immer und in Ewigkeit.

Singen

Ein Lied für Josef von Nazaret

Träumen gehorchen,
Stille verstehn,
warten und schweigen,
hören wie du.

> Heiliger Josef, führ uns zu Jesus,
> teile mit uns deinen Glauben
> an ihn.

Aufbrüche wagen,
Furcht widerstehn
Zuversicht leben,
hoffen wie du.

> Heiliger Josef, führ uns zu Jesus,
> teile mit uns deine Hoffnung
> auf ihn.

Da sein und treu sein,
gut und gerecht,
schützen und trösten
lieben wie du.

> Heiliger Josef, führ uns zu Jesus,
> teile mit uns deine Liebe
> zu ihm.

Helmut Schlegel
(GL-Diözesananhang Freiburg/Rottenburg-Stuttgart, 907)

Segnen

Gott sende uns immer wieder einen Engel.
Einen Weck-Engel, der uns wachrüttelt,
einen Weg-Engel, der uns den Weg weist,
einen Trost-Engel, der uns auch in der Trostlosigkeit begleitet,
einen Schutz-Engel, der uns den Rücken stärkt,
einen Segens-Engel, der uns deinen Frieden bringt.
Das gebe uns der Vater und der Sohn und der Heilige Geist. Amen.

DAS GESICHT DER BARMHERZIGKEIT

GOTTESDIENST IM ADVENT

Vorbereiten
- Ein großes Herz aus rotem Wollfaden auf dem Boden,
- Stuhlkreis für das Schriftgespräch,
- Adventskranz beim Taufbrunnen,
- Kuverts mit „Schuldbriefen“,
- Schreibmaterial,
- Christus-Ikone

STATION 1: DER TAUFBRUNNEN

Einstimmen „Viel mehr als Ziele braucht man vor sich ein Gesicht, um leben zu können“, hat der Schriftsteller Elias Canetti einmal geschrieben. „Das Gesicht der Barmherzigkeit“ heißt das Motto dieses adventlichen Gottesdienstes, zu dem wir Sie begrüßen. Wir stellen uns dabei nicht irgendein Gesicht vor, sondern ein offenes, freundliches, warmherziges Gesicht. Das tut gut.
Wir beginnen diesen Gottesdienst am Taufbrunnen. Dieser Ort mag uns daran erinnern, dass sich uns Jesus in der Taufe zugewandt hat.

Warmherzig, mit einem liebenden Herzen, mit weiter Seele, mit offenen Sinnen, ganz präsent und aufmerksam – so stelle ich mir Jesus vor. Und ich mag daran glauben, dass auch in einer verrückten und grausamen Welt, in der Menschen sich gegenseitig unterdrücken, etwas durchscheint von der Barmherzigkeit Jesu. Seine Gegenwart in dieser Welt ist sehr leise, verborgen, ja oft kaum spürbar. Umso mehr lohnt es sich, aufmerksam zu sein und um Gottes Geist zu bitten.

Jemand zündet die Kerzen des Adventskranzes an.

Vor Gott bringen

Geist Gottes,
du erfüllst uns mit deiner Gegenwart.
Du machst uns frei von inneren und äußeren Zwängen.
Geist Gottes, du schenkst uns offene Augen und Ohren,
Du gibst uns Mut und Kraft für die Aufgabe, dich im Alltag zu bezeugen.
Geist Gottes, du bist in der Trockenheit unsere Quelle
und in dunklen Stunden ein leuchtender Stern.

Alle nehmen Wasser aus dem Taufbrunnen und bezeichnen sich mit dem Kreuzzeichen.

Hören Lk 3,3 f.10

Vertiefen Was sollen wir tun? Was soll ich tun? – Das ist die entscheidende Frage im Evangelium: Was soll ich tun? Und sie wird noch wichtiger, wenn wir sie laut aussprechen. Wir laden Sie zu einem kleinen Zwiegespräch ein. Tun Sie sich zu zweit zusammen. Stellen Sie sich in einer Entfernung von ungefähr zwei Metern einander gegenüber. Stellen Sie sich einfach gegenseitig diese Frage: „Was soll ich tun?" Erst die eine Person, dann die andere. Geben Sie keine Antwort, lassen Sie die Frage einfach stehen. Spüren Sie, wie es ist, wenn Sie diese wichtige Frage des Evangeliums laut aussprechen.

STATION 2: DAS GROSSE HERZ

Hören Lk 3,11–14

Vertiefen

Nein, wir misshandeln niemanden.
Wir erpressen niemanden.
Wir sind zufrieden mit dem, was wir haben.
Gewalt verabscheuen wir.
Lügen hassen wir.
Vielleicht mal eine kleine Notlüge,
wenn's nicht anders geht.
Vielleicht mal abrunden bei der Steuererklärung.
Vielleicht mal ein hässliches Wort über die Nachbarin.
Vielleicht mal ein bisschen Schadenfreude.
Vielleicht doch auch ein bisschen Skepsis gegenüber Fremden.
Oder doch mehr als ein bisschen?

Alle bekommen ein offenes Kuvert. Innen steckt eine doppelseitig beschriftete Karte. Es ist Zeit zum Nachdenken, meditieren, beten. Wer will, kann etwas auf den Schuldschein schreiben …

Instrumentalmusik

Schuldschein

Es gibt Menschen,
die bei mir in der Schuld stehen:

Was tun?

Schuldschein

Es gibt Menschen,
bei denen ich in der Schuld stehe:

Was tun?

Tragen wir nicht alle solche Schuldbriefe mit uns? Nicht in der Tasche – im Herzen. Was sollen wir tun? Uns schlecht machen? Das hilft niemandem. Unsere Schuld schönreden? Das ist nicht wahrhaftig.

Vielleicht kann uns die Schuld vergeben werden. Nein, nicht einfach so. Nicht, ohne an uns zu arbeiten. Nicht ohne Bewegung. Nicht ohne Umkehr.
Aber den Schuldschein darf ich Christus ans Herz legen.

STATION 3: DIE CHRISTUS-IKONE

Einige Kerzen werden vor der Ikone angezündet.

Hören Kol 2,13 f.

Singen *nach Psalm 11*
Refrain
Und deine Augen sehen mich,
und geben acht, dass ich nicht falle.
Und deine Hände tragen mich,
in dir geborgen sind wir alle.

Strophen
Manchmal bin ich wie ein Vogel,
fühle mich gejagt und klein,
möchte in die Berge flüchten,
möchte stumm sein und allein.

Manchmal bin ich wie ein Vogel,
breite meine Flügel weit,
werde leicht wie Wind und Wolken,
schwebe über Angst und Leid.

Manchmal bin ich wie ein Vogel,
bau aus Zuversicht ein Nest,
bau ein Haus aus deinen Träumen,
wo du mich drin wohnen lässt.

Manchmal bin ich wie ein Vogel
und ich sing mein schönstes Lied:
Sing von dir und deinem Himmel,
der in meinem Herzen glüht.

Helmut Schlegel |

Segnen

Gott, segne die Erde, auf der wir stehen.
Gott, segne den Weg, auf dem wir gehen.
Gott, segne das Ziel, für das wir leben.
Segne uns – auch, wenn wir fehlen.
Segne unsere Liebe, unsere Hoffnung.
Segne diese Adventszeit.
Erfülle unsere Herzen mit deiner Barmherzigkeit.

BARBARA, LUCIA, NIKOLAUS

ADVENTLICHER STATIONENWEG

Vorbereiten
Für die drei Stationen an verschiedenen Stellen im Raum werden vorbereitet:

- Station 1: einige Vasen mit Kirsch- oder Forsytienzweigen für alle Teilnehmenden; Faden, Kärtchen, Schreibzeug
- Station 2: ein Kranz (oder ein Kreis aus Holz), auf den etliche Kerzen gesteckt werden können, dazu so viele Kerzen wie Teilnehmende,
- Station 3: ein Tisch mit Weihnachtsmännern und Nikoläusen aus Schokolade,

Außerdem: einen Datenträger mit dem Oratorium „Der Messias" von Georg Friedrich Händel.

Einstimmen Wir begrüßen Sie alle zu diesem Adventsgottesdienst. Drei herausragende Heilige geben der Adventszeit einen besonderen Glanz: Barbara von Nikomedia, Nikolaus von Myra und Lucia von Syracus. Alle drei lebten vor langer Zeit – im dritten und vierten Jahrhundert unserer Zeitrechnung. Und doch sind sie bis heute bekannt und populär – sogar in allen christlichen Konfessionen und über die Grenzen der Christenheit hinaus. Was ist der besondere Charme dieser Heiligen? Dem wollen wir in diesem Gottesdienst nachgehen. Wir wollen unsere Gedanken auch ins Gebet nehmen und musikalisch zum Klingen bringen.

Musik Tröste dich, mein Volk (Arie aus dem „Messias")

Tröste dich, mein Volk. – Georg Friedrich Händel hat diese großartige Musik komponiert. Sie stammt aus dem Oratorium „Der Messias“, in dem Händel das Leben, Sterben und Auferstehen Jesu musikalisch beschreibt. Der ursprüngliche Text stammt aus dem Buch des Propheten Jesaja und erinnert an die Zeit des Exils, in dem ein Großteil des jüdischen Volkes viele Jahre in der Gefangenschaft in Babylon verbrachte. Aber der Prophet Jesaja jammert und verzweifelt nicht. Er tröstet und ermuntert sein Volk.

Hören Jes 40,1–5

Vor Gott bringen

Gott, gib uns Gedanken und Worte,
die über das hinausreichen, was wir erreichen können,
die über das hinausdenken, was wir denken können.
Begabe unseren Geist, dass er sich nach dem sehnt,
was kommen wird, wenn du kommst.
Begabe unsere Lippen, dass sie mehr und mehr
die Freude des Evangeliums zur Sprache bringen
und dass sie die Welt ins Gebet nehmen:
ihren Kummer und ihre Hoffnung.
Dein Wort – dein belebendes und tröstendes,
dein gültiges und Recht schaffendes Wort
komme und wohne in uns.

STATION 1: HEILIGE BARBARA

Alle gehen zur Station 1. Hier sind einige Vasen mit Kirsch- oder Forsytienzweigen für alle Teilnehmenden aufgestellt.

*Leiter*in* Eine der populärsten Heiligen ist Barbara von Nikomedia. Am 4. Dezember feiern wir ihr Fest. Es ist wie bei vielen Heiligen aus den ersten Jahrhunderten: Sicher ist ihre im Volk tief verwurzelte Verehrung. Ihr tatsächliches Leben ist uns nur bruchstückhaft bekannt. Lassen wir sie doch selbst ein wenig erzählen.

Sprecherin Ich lebte am Ende des dritten Jahrhunderts in Nikomedia, das ist das heutige Izmir in der Türkei. Man sagte mir außergewöhnliche Schönheit und Intelligenz nach. Kein Wunder, dass viele junge Männer der Stadt um mich warben. Aber ich hatte anderes im Sinn. Als junge Frau schloss ich mich einer kleinen Gruppe von Christinnen und Christen an. Wir trafen uns im Geheimen, denn der Kaiser von Rom hatte den strengen Befehl gegeben, die Christinnen und Christen auszurotten. Auch mein eigener Vater Dioscurus zählte zu den Christenverfolgern. Als er eine Veränderung an meinem Denken und Verhalten bemerkte, ließ er mich vor Gericht bringen. Ich musste viele Folterqualen ertragen und am Ende war es mein Vater, der mich mit dem Schwert tötete.

*Leiter*in* Seit dem Mittelalter zählt Barbara zu den heiligen vierzehn Nothelfern. Sie wird als Patronin der Bergleute und der Sterbenden verehrt. Ihr Gedenktag ist bis heute mit besonderen Bräuchen verbunden.

Wir haben Barbarazweige mitgebracht, es sind Zweige von Kirschbäumen oder Forsythien. Wenn wir sie in eine Vase mit Wasser stecken und in die Wärme stellen, dann werden die Knospen langsam aufbrechen und sich an Weihnachten zu voller Blüte entfalten. Wir schlagen vor, dass sich jede*r einen Zweig nimmt und diesen mit einem bunten Wollfaden dekoriert, daran können Sie einen Wunsch oder eine Bitte heften, die sie auf ein Kärtchen schreiben. Wir können an Weihnachten die dann blühenden Zweige an Menschen verschenken, die nicht zum Gottesdienst kommen können. Während der Schreibaktion hören wir wieder Musik aus dem Messias.

Musik Denn die Herrlichkeit Gottes (Chorlied aus dem „Messias“)

Segnen Guter Gott,
aus deiner Hand kommt alles, was ist.
Deine Schöpferkraft zeigt sich auch in diesen Zweigen, die wir im Gedenken an die heilige Barbara gesammelt haben.
Im Wasser und in der Wärme werden ihre Knospen erwachen und wunderbare Blüten treiben.
So sind sie Zeichen unserer Hoffnung und Freude über die Geburt deines Sohnes Jesus Christus.
Gib allen Geschöpfen deinen Segen und Wachstum und lass uns in ihnen dankbar deine Schönheit bewundern.

Lied Alle Knospen springen auf (Liederbücher)

STATION 2: HEILIGE LUCIA

Alle gehen zur Station 2. Auf einem Tisch steht ein Kranz (oder ein Kreis aus Holz), auf den etliche Kerzen gesteckt werden können, daneben wenigstens so viele Kerzen wie Teilnehmende.

*Leiter*in* Der Advent ist die Zeit des Lichtes. Nach grauen Tagen ahnen wir etwas vom Glanz der Weihnacht. Vom Kommen des Lichtbringers Christus. Lucia von Syracus ist eine der großen Lichtheiligen. Ihr Name bedeutet: die Leuchtende. Sie wurde um das Jahr 283 in Syrakus auf der Insel Sizilien geboren. Schon mit 21 Jahren starb sie in der Christenverfolgung des Kaisers Diokletian den Märtyrertod. Lassen wir auch sie selbst zu Wort kommen.

Sprecherin Mein Vater – ein reicher römischer Bürger – ist leider sehr früh gestorben. Meine Mutter wollte, dass ich gut versorgt bin und hatte mir schon einen Mann ausgesucht. Ich wollte aber nicht heiraten. Ich war Christin und wollte in der Nachfolge Jesu leben, im

Gebet und im Dienst an den Armen. Mein Vermögen verwendete ich, um bedürftigen Menschen Lebensmittel zu bringen. Das war verboten und musste in der Nacht geschehen. Um in den stockfinsteren Gassen den Weg zu finden, steckte ich mir brennende Kerzen auf einen Haarkranz. Mein ehemals Verlobter, der sich zurückgewiesen fühlte, rächte sich, indem er mich als Christin denunzierte. Ich wurde vor Gericht gebracht, der Richter wollte mich als Dirne in ein Bordell stecken, doch da hätten mich keine tausend Männer hingebracht.

*Leiter*in* Lucia wurde grausam gefoltert und schließlich mit einem Schwert in den Hals gestochen. Noch im Sterben bekannte sie sich zu Christus und prophezeite das nahe Ende der Verfolgungszeit. Sie blieb bis heute dem christlichen Volk in guter Erinnerung und wurde zur Patronin der Armen, der Blinden, der kranken Kinder und auch der Prostituierten.

Das Luciafest steht in Schweden in der Tradition der winterlichen Sonnenwende. Bis heute ist ihr Tag dort ein großes Fest. Kinder tragen weiße Gewänder und einen Kranz mit aufgesteckten Kerzen im Haar. In den Familien wird gesungen und es gibt traditionelles Gebäck zum Essen.

Die Teilnehmenden nehmen die Kerzen in die Hand und lassen sie anzünden.

Bitten *(alle gemeinsam)*
Wie Lucia brauche ich Licht, wenn es finster ist.
Licht, um einen klaren Blick zu haben.
Licht, um nicht nur meine eigenen Sorgen zu sehen.
Licht, damit meine Ängste nicht alles rabenschwarz beurteilen.
Licht, um vor lauter Bäumen den Wald nicht zu übersehen.
Licht, um mich Gott anzuvertrauen.

Wie Lucia brauche ich freie Hände, um zu tun, was gut ist.
Freie Hände, um nicht von den vielen Pflichten gefesselt zu sein.
Freie Hände, um zu trösten und zu liebkosen.
Freie Hände, um Türen und Fenster zu öffnen.
Freie Hände, um der Familie und den Freunden beizustehen.
Freie Hände, um meinen Ideen zu folgen.

*Leiter*in* Gerne können Sie jetzt ihr Licht auf den Kranz stecken. Es kann Zeichen eines stillen Gebetes sein für einen Menschen, dem Sie Licht wünschen. Es kann auch ein Zeichen sein, dass sie gern die Hände frei haben möchten von den vielen Dingen, die Sie binden, frei für etwas, was Ihnen in dieser Adventszeit wichtig ist.

Liedruf Mache dich auf und werde licht (Liederbücher)

STATION 3: NIKOLAUS

Alle gehen zur Station 3. Auf einem Tisch sind Weihnachtsmänner und Nikoläuse aus Schokolade in verschiedenen Farben, Größen und Formen aufgestellt.

*Leiter*in* In diesen Tagen geht er wieder durch die Straßen, besucht die Kindertagesstätten, die Seniorenheime, die Sportclubs: der Weihnachtsmann, der Santa Claus, der Sinter Claas oder wie er auch heißt: ein rundlicher, gemütlicher Mann mit Rauschebart, mit rotem Gewand und weißem Pelz bekleidet.

Das christliche Pendant zum Weihnachtsmann ist der heilige Nikolaus. Auch wenn er nach und nach in den Schatten seines säkularen Kollegen gerät, genießt er doch große Beliebtheit. Nikolaus war Bischof der

kleinasiatischen Stadt Myra. Er lebte rund hundert Jahr später als Barbara und Lucia. Früh wurde er zum Priester geweiht und dann zum Abt eines Klosters in der Nähe von Myra gewählt. Seine große Berühmtheit rührt vor allem daher, dass Nikolaus einfach gut zu den Menschen war.
So erzählt eine der vielen Legenden, dass er einem alleinerziehenden Vater, der aus Armut seine drei Töchter in die Prostitution schicken wollte, Geld oder Äpfel aus Gold – das berichtet jeder ein bisschen anders – ins Fenster warf, um die jungen Frauen zu retten.
Am bekanntesten ist die Geschichte, wie er in seiner Bischofsstadt Myra während einer großen Hungersnot den Kapitän eines Getreideschiffs, das im Hafen von Myra anlegte, überredete, doch einen Teil des Getreides in der Stadt zurückzulassen. Er gab dem verängstigten Mann, der die Strafe des Kaisers fürchtete, das Versprechen, es werde ihm kein Korn bei der Ankunft in Rom fehlen. Nach der Legende war es dann tatsächlich so.
Das wahre Wunder war wohl eher die Autorität und Ausstrahlung, die der Heilige zu seiner Lebenszeit hatte. Und die hat er auch heute noch. Nicht umsonst gibt es Geschenke an seinem Gedenktag.

*Sprecher*in* Ich wüsste ein paar Geschenke, die nicht aus Schokolade sind:

- Ich kann meinen Nachbarn oder meine Nachbarin freundlich grüßen.
- Ich kann meine alte Tante anrufen und ihr meine Hilfe anbieten.
- Ich kann ein Gesuch um Freilassung von politischen Gefangenen unterschreiben (z. B. von amnesty international).
- Ich kann mich auf die Seite von gemobbten Kollegen stellen.

*In einer Minute der Stille kann jede*r von uns darüber nachdenken, was ihr oder sein Nikolausgeschenk sein kann.*

Bitten

Wir vertrauen darauf, dass Jesus uns nahe ist. Wir glauben, dass er uns stärkt auf unserem Weg und im Bemühen, wie die heiligen Barbara, Lucia und Nikolaus in seinen Spuren zu leben und das Licht weiterzugeben, das uns in ihm leuchtet. Darum bitten wir ihn:

- Für Christen und Nichtchristen, für Gläubige und Ungläubige, für die Wohlhabenden und die Ausgegrenzten: um gegenseitige Verantwortung und um gerechte Verhältnisse für alle, die mit uns leben.
- Für alle, die in den Kirchen und Religionsgemeinschaften Verantwortung übernehmen und ihre Talente einbringen. Und auch für jene, die müde geworden sind und laut oder leise Abschied genommen haben.
- Für die Kinder und die Jugendlichen, die das Leben vor sich haben und Pläne und Visionen entwickeln. Und auch für uns Erwachsene, die wir heute schon die Zukunft gestalten und mitverantworten.
- Für alle, denen wir das Leben, die Gesundheit und das Glück verdanken, für unsere Angehörigen und Freunde, für die Frauen und Männer in medizinischen und pflegerischen Berufen, für die Dienstleistenden und für die vielen, die uns still und unerkannt Gutes tun.
- Für unsere Verstorbenen: für jene, denen wir über den Tod hinaus ein dankbares Andenken bewahren und auch für die vielen Unbekannten, nicht zuletzt für die Opfer der Epidemien, der Gewalt und der Kriege.
- In Stille beten wir für die Menschen und Anliegen, die wir im Herzen tragen: für Menschen, die uns in Liebe anvertraut sind und auch für jene, mit denen wir es schwer haben. – *Stille*

Jesus, unser Bruder, nimm uns bei den Händen und geh uns voran. Lass uns nach dem Beispiel der heiligen Barbara, Lucia und Nikolaus Licht in die Welt bringen und führe uns zu deinem Gott und zu unserem Gott, der alles in allem ist. Amen.

Singen und segnen

*Die Teilnehmer*innen legen die rechte Hand auf die Schulter des/der Nachbar*in und sprechen sich gegenseitig den Segen zu.*

In deinen Augen
liegt ein Leuchten:
Dein gütiger Blick
schenkt Atem und Glück,
verkündet: Gott lebt unter uns.

Aus deinen Händen
strömt ein Segen:
Dein aufrechter Mut
tut allen so gut;
verkündet: Gott lebt unter uns.

Aus deinen Lippen
spricht die Wahrheit:
Dein ehrliches Wort
am richtigen Ort,
verkündet: Gott lebt unter uns.

In deinem Herzen
tanzt die Freude:
Dein frohes Gesicht
schenkt Hoffnung und Licht,
verkündet: Gott lebt unter uns.

Auf deinem Tisch
mehrt sich das Leben:
Dein duftendes Brot,
geteilt in der Not,
verkündet: Gott lebt unter uns.

Und auf der Erde
blüht der Himmel:
Wer gut ist und liebt,
sich wagt und sich gibt,
verkündet: Gott lebt unter uns.

Helmut Schlegel | *© Dehm Verlag*

WAS ALLES MÖGLICH IST

STATIONENWEG MIT ZWEI PROPHETEN

Vorbereiten
Für alle sichtbar:
- zwei biblische Erzählfiguren, die Jesaja und Johannes den Täufer darstellen.
- An Station 1: ein Baumstumpf, aus dem ein grüner Zweig wächst (evtl. auch ein Bild davon, das per Beamer an die Leinwand projiziert wird)
- An Station 2: eine Axt und eine Säge
- An Station 3: ein Korb voller Steine, die in die Hand passen

Einstimmen Zwei Personen stehen im Blickpunkt dieser Feier: Jesaja und Johannes. Wir wissen nicht, wie sie ausgesehen haben, denn wir haben keine Fotos von ihnen, aber wenn Sie auf die beiden biblischen Figuren schauen, die hier in der Mitte stehen, können sie sich diese Adventsgestalten der Bibel vorstellen. Wir hören, was sie uns zu sagen haben.

I Jesaja lebte lange vor Christus. Die meiste Zeit verbrachte er im Exil. Mit ihm war ein großer Teil des Volkes Israel deportiert worden. Es war eine schreckliche Zeit. Weit weg von der Heimat und getrennt vom Heiligtum, dem Tempel in Jerusalem, fühlten sich die Juden ihrer Mitte beraubt. Jesaja ist aber keiner, der ins Jammern verfällt. Im Gegenteil, er macht Mut. Der Prophet hat eine Vision: Wenn Gerechtigkeit und Solidarität wieder zur Grundhaltung der Menschen werden, dann kann auch das Reich des Friedens kommen.

II Der andere Prophet, den wir Ihnen vorstellen, heißt Johannes. Es ist der Täufer, der Mahner, der Bußprediger. Nach biblischer Auskunft war er vor allem in der Wüste anzutreffen. Das allein war schon ein Zeichen: Nicht der Tempel ist der Ort, wo wir Gott finden, will er sagen, sondern die Kargheit der Wüste. Nicht die Opfer sind es, die uns Menschen von Schuld befreien, sondern die Umkehr. Er meint vor allem die Hinkehr zu einem humanen und gerechten Verhalten.

Vor Gott bringen

Gott, ewige Gegenwart,
sei bei uns auch an diesem Tag, in dieser Stunde.
Sammle unsere Gedanken, unsere Gefühle,
unsere Sehnsüchte und Erwartungen.
Sammle uns aus den verschiedenen Orten und Regionen, aus denen wir kommen.
Sammle uns zur Gemeinschaft des Hörens und Feierns.
Dein Wort sei uns Richtung und Trost.
Die Gemeinschaft sei uns Ermutigung und Halt.
So bitten wir dich durch Jesus, unseren Bruder.

STATION 1: BAUMSTUMPF MIT EINEM JUNGEN TRIEB

Hören Jes 11,1–9

Vertiefen Einem alten Baumstumpf traut kaum jemand noch zu, dass er lebt. Er wird für tot gehalten. Und doch sehen wir, dass aus diesem Stumpf ein junger Trieb herauswächst.

Jesaja hat dieses Bild aufgenommen, um daran zu erinnern, dass in seinem Volk trotz der Enttäuschungen, die es erfahren musste, und trotz des Sterbeprozesses, der mit der Deportation nach Babylon einsetzte, noch Kräfte sind. Kräfte für einen neuen Anfang. Jesaja schwelgt geradezu und stellt sich vor, was alles möglich sein kann: eine Zukunft, in der Menschen und Geschöpfe miteinander im Frieden leben.

Dieses Bild ist auch heute eine gültige Vision. Es stellt uns aber auch Fragen. Ich kenne Enttäuschungen und weiß, dass manche Hoffnung absterben musste. Aber wo ist das Neue? Kann ich daran glauben, dass es dieses Wunder auch in meinem Leben gibt?

Kann ich wie Jesaja daran glauben, dass der Baumstumpf im Erdreich verborgen eine Wurzel hat, aus der er Kraft schöpft? Kann ich mit meinen verborgenen Wurzeln Fühlung aufnehmen? Aus ihrer Kraft schöpfen?

Einige Augenblicke der Stille, dann gehen alle zu Station 2.

STATION 2: AXT UND SÄGE

Hören Mt 3,1–6.10–12

Vertiefen Axt und Säge sind scharfe Werkzeuge. Mit der Axt kann ich Holz spalten, Bäume fällen, tote Äste abschlagen. Brauchbares vom Unbrauchbaren trennen. Ähnliches geschieht mit der Säge. Axt und Säge können gefährlich sein, darum gehören sie nicht in die Hände von Kindern.

Trennen, abschneiden, entfernen – das kann auch ein notwendiger und heilsamer Vorgang sein. Eine Operation kann Leben retten. Von solch schmerzhaftem und heilsamem Handeln spricht Johannes. Auch er stellt Fragen, die für mich heute gültig sind:

Wo in meinem Leben ist ein Schnitt angesagt?
Wo soll ich scheiden, um entscheiden zu können?

Einige Augenblicke der Stille, dann gehen alle zu Station 3.

STATION 3: STEINE ZUM LEBEN ERWECKEN

Hören Mt 3,7–9

Vertiefen Wir laden Sie ein, diese Steine anzuschauen und einen auszusuchen. Nehmen Sie ihn in die Hand, bewundern Sie ihn. Spüren Sie seine Kraft, seinen Widerstand, aber auch seine Kälte. Spüren Sie, wie er die Temperatur der Hand annimmt und langsam warm wird.

Er ist jetzt mein Stein – ein Stück von mir. Was kann daraus werden? Das Evangelium weckt die Hoffnung, dass Gott auch das Tote zum Leben wecken kann. Selbst das Kalte kann warm werden. Und das Harte kann weich werden. Was kann Gott aus mir machen?

Bitten Gott, gib uns Kraft,
damit aus den Steinen unseres Alltags
etwas Lebendiges werden kann.
Dass sich mit ihnen
auch unsere Gedanken, unsere Gefühle
und das Herz verwandeln.
Dass unsere Wüsten blühen,
die Wüsten der Einsamkeit, des Leides, der Gewalt.
Dass Gerechtigkeit und Solidarität unter uns
wachsen.
Dann werden wir uns als Kinder Abrahams,
als deine Kinder bewähren.

Einige Augenblicke der Stille

Sie können nun noch einmal an eine oder mehrere der drei Stationen gehen und die Symbole auf sich wirken lassen. Wir treffen uns dann nach zehn Minuten am Taufbecken.

STATION 4: MIT DEM HEILIGEN GEIST UND MIT FEUER GETAUFT

Johannes taufte in der Wüste mit Wasser. Er verwies auf Christus, von dem er sagte: „Er wird euch mit dem Heiligen Geist und mit Feuer taufen." Rufen wir uns ins Gedächtnis, dass wir auf Christus getauft sind. Sein Geist ist mit uns und fließt durch uns! Wir sind Kinder Abrahams, mehr noch: Wir sind Gottes geliebte Kinder.

Danken

Lebendiger Gott,
du willst ankommen in unserer Welt.
Du willst ankommen in meiner Welt.
Lass uns dir den Weg bereiten.
Hilf uns zu leben aus der Kraft der Taufe
als deine geliebten Söhne und Töchter.
Du kommst. Du kommst uns entgegen.
Dafür danken wir dir durch Jesus Christus,
unseren Bruder und Herrn. Amen.

Segnen

Gott segne uns
und schenke uns langen Atem in dieser Zeit,
da viele rennen und drängen.

Gott lasse uns still und ruhig werden,
damit wir offen sind für die Begegnung mit ihm.

Gott lasse den Himmel aufbrechen
und den Tau der Gerechtigkeit auf uns herabfließen,
dass sich unser Glaube erfrische
und unsere Hoffnungen wachsen.

MITTEN UNTER EUCH STEHT DER, DEN IHR NICHT KENNT

EUCHARISTIEFEIER MIT LICHTERLABYRINTH

Vorbereiten

- Anleitungen zum Bau eines Lichterlabyrinths finden sich im Internet (z.B. https://w.wiki/WCJ). Im besten Fall ist es so groß, dass Menschen bis zur Mitte hinein und aus der Mitte wieder heraus gehen können. Altar und Sitzgelegenheiten für die Gottesdienstbesucher*innen werden im Kreis um das Labyrinth gestellt. Mit dem Entzünden der in Gläsern befindlichen Teelichter wird rechtzeitig (bei einem großen Labyrinth etwa eine Stunde vor Beginn des Gottesdienstes) begonnen.
- Bei günstigen Wetterverhältnissen kann ein Gottesdienst mit Lichterlabyrinth auch im Freien gefeiert werden.

Bild: Jürgen Heegmann

Instrumentalmusik

Einstimmen Heute begrüßen wir Sie zu einem Gottesdienst in einem besonderen Rahmen. Unsere Kirche ist geschmückt mit einem wunderbaren Lichterlabyrinth, das heute Nachmittag von Frauen und Männern der Gemeinde unter Anleitung von N. N. gestaltet wurde. Wir freuen uns sehr darüber und wollen im Kreis um dieses Labyrinth die Eucharistie feiern.

In der Mitte ist das Kreuz, das Christuszeichen. Auf Christus, den Gesalbten Gottes, warten wir in der Adventszeit. Er wird uns Gottes Liebe schenken und unser zerbrochenes Herz heil machen. Beginnen wir in seinem Zeichen: Im Namen des Vaters und des Sohnes und des Heiligen Geistes. Amen.
Christus, der für uns zum Licht geworden ist, er sei mit euch.

Erkennen Ein Labyrinth ist kein Irrgarten.
Es ist ein Spiegel für den verschlungenen Lebensweg,
den jeder Mensch zu gehen hat.
Wenn ich zum Sinn meines Lebens unterwegs bin,
wenn ich Gott finden will, dann geht das nur,
wenn ich mich auf das Leben einlasse so wie es ist.

Stille

Zwei Wege hat das Labyrinth,
der eine führt in die Mitte hinein.
Es ist unser Weg auf Christus hin,
der uns in seiner Liebe an sich zieht.

Stille

Der Weg führt auch wieder heraus.
Es ist der Weg zurück ins alltägliche Leben.
Berührt von Christus werden wir uns
den Menschen, der Arbeit und der Erde zuwenden.
Wir können es, weil wir um unsere Mitte wissen.

Stille

Vor Gott bringen

Gott,
unser Dasein gleicht einem Labyrinth mit verschlungenen Wegen, mit Kehren und Kurven, mit Irr- und Umwegen.
Wir glauben fest, dass du uns den Weg zeigst, der ans Ziel führt, ja, dass du mitgehst im Suchspiel unseres Lebens.
Wir vertrauen, dass wir mit deiner Hilfe die Mitte finden. Dort werden wir dir begegnen, unserem Schöpfer und Erlöser, der du auf uns wartest und uns jenes Leben schenken wirst, nach dem sich unsere Seele sehnt.

Hören Evangelium vom Tag

Vertiefen „Mitten unter euch steht der, den ihr nicht kennt", so lautet ein adventlicher Liedvers. Er, Christus, lebt mitten unter uns, mitten in dieser Kirche, mitten in diesem Labyrinth, mitten in unserer Arbeit, mitten im Advent.
Wir möchten Sie einladen, ihre Augen wandern zu lassen und mit ihnen den Pilgerweg des Labyrinths bis zur Mitte hin zu gehen.

Stille

Der Weg bewegt sich kreisförmig auf die Mitte zu. Wie ein Magnet zieht diese unsere Blicke auf sich.

Wie viele Kehren gab es in meinem Leben schon? Krankheiten, Konflikte, Enttäuschungen, Menschen, die aus dem Leben geschieden sind. Nichts bleibt so, wie es war. Der Weg zur inneren Mitte nötigt immer wieder zu einer Kehrtwendung. Immer wieder muss ich zurück.

Stille

Und doch: Ich gehe weiter, Schritt für Schritt. Vielleicht lerne ich gerade dann, wenn ich mich umwenden muss, neue Seiten des Lebens kennen und sammle neue Erfahrungen. Mein Weg wird mitunter bis an den äußersten Rand gehen, weg von dem, was mich bisher gehalten und getragen hat.

Immer werde ich geführt vom Licht. Von vielen Lichtern, die ihr Feuer vom Licht der Mitte bekommen. Und dann, plötzlich, wie von selbst komme ich in der Mitte an, am Ziel. Bei mir selbst. Bei Gott.

Hier darf ich ausruhen. Tief durchatmen. Mich spüren, meinen Herzschlag, meine Lebendigkeit. Hier darf ich ihn spüren, von dem das Evangelium sagt: „Mitten unter euch steht einer, den ihr nicht kennt." (Joh 1,26)

Singen *nach Psalm 30*

Steh auf und wasche dein Gesicht,
vorbei ist nun die Trauerzeit.
Zieh an dein buntes Festtagskleid
und glaube, was Gott zu dir spricht:

Ich habe mich dir zugewandt,
aus Schmutz und Trümmern dich befreit
Ich nehme von dir alles Leid
und führe dich ins neue Land.

Kein Unglück, keine böse Macht
brauchst du zu fürchten, keinen Feind.
Hast du am Abend noch geweint,
freudig dein Herz am Morgen lacht.

Dein Name steht in meiner Hand
in meinem Herzen deine Zeit.
Ich rufe dich voll Zärtlichkeit
erfreut, dass ich dich wiederfand.

Nun darfst du dich im Reigen drehn,
und fröhlich tanzen zur Musik,
dein Haupt erheben und voll Glück
im Kreise meiner Freunde stehn.

Helmut Schlegel | © Dehm Verlag

Dieses Lied kann auch nach der Melodie GL 144 (Nun jauchzt dem Herren, alle Welt) gesungen werden.

Erinnern

Zwischen den einzelnen Gedanken kann jeweils der Liedruf: „Wechselnde Pfade" gesungen werden (am Ende als Kanon).

Guter Gott, deine Anwesenheit ist für uns eine Ermutigung, auf unserem Weg zur Mitte weiterzugehen. Wir erinnern uns deiner Wegweisung und bitten um deine Begleitung:

- Wir sind nicht allein auf dem Weg. Unser Ziel ist es, eine Gemeinschaft zu werden, die zusammenhält und die allen die Freiheit bietet, den eigenen Weg im Leben zu finden und zu gehen.
- Wir kennen viele Situationen, in denen wir uns entscheiden müssen. Wir bedürfen der Hilfe, um an den Wegkreuzungen die richtige Entscheidung zu treffen.
- Manche Wege führen in die Irre. Da ist es gut, wenn uns Stoppschilder gesetzt werden und wir rechtzeitig sehen, wie es weitergehen kann.
- Der Weg ist oft auch Ziel. Darum brauchen wir Mut und Kraft, um alte und eingefahrene Wege zu verlassen und mit Offenheit wieder neu anzufangen.
- Viele Wegbegleiterinnen und Wegbegleiter haben wir durch Tod oder Trennung verloren. Wir erbitten ihnen die Erfüllung ihrer Lebensträume und deine Nähe.

So rufen wir dich an, guter Gott, im Vertrauen, dass du mit deiner schützenden Hand bei uns bist, heute und in Ewigkeit. Amen.

Bereiten Gütiger Gott, wie die Körner auf vielen Wegen zu einem Brot geworden sind und die Trauben auf vielen Wegen zu Wein, so führe auch uns auf unseren Lebenswegen zu einem Ziel, wo wir mit dir und untereinander verbunden sind.

Danken Guter Gott, wir verfolgen viele Wege und Ziele. Du gehst immer mit uns, sogar auf den dunklen und verschlungenen Straßen.
Oft erkennen wir dich nicht, weil unser Herz befangen ist von Sorgen und Ängsten.
Stärke unser Vertrauen auf dich und lass uns gerade in schweren Stunden deine Anwesenheit erfahren.

Segnen Wecke uns auf, Gott, wo wir schläfrig und schwerhörig sind.
Halte uns auf, wo wir uns verführen lassen von falschen Wichtigkeiten.
In die Stille unseres Herzens wollen wir lauschen und auf deine Stimme horchen
Die Spur des Ewigen lass uns finden im Labyrinth unserer Tage.
Dazu segne uns.

MEDITATIVE GOTTESDIENSTE AM HOCHFEST DER GEBURT DES HERRN

NICHT MEHR ALLEIN

IN DER HEILIGEN NACHT

Vorbereiten

- In der Mitte des Raumes ist die Krippe aufgebaut.
- Für die Fürbitten sind Kerzen auf Ständern vorbereitet. Sie stehen auf dem Altar.

Ankündigung der Geburt Christi

Nach alter Tradition wird in den Klöstern jeden Morgen das Martyrologium gesungen. Darin werden alle Tagesheiligen genannt. Am Heiligen Abend wird die Geburt Jesu angekündigt. Hier ist eine neue Übertragung des Textes.

Es ereignete sich in unserer Geschichte,
Jahrmillionen waren vergangen, nachdem Gott
am Anfang der Zeiten die Welt ins Dasein gerufen hatte.

Da trat der ewige Gott selbst in die Geschichte der Menschen, er rief Abraham und Sarah aus Ur in Chaldäa in das Land der Verheißung, sie folgten seinem Ruf und wurden zu Eltern des Glaubens.

Gott sandte Mose und trug ihm auf, sein Volk aus dem Elend der Knechtschaft zu führen, und er nannte ihm seinen Namen: Ich bin der Ich-bin-da.

Schon im ersten Bund wurden Prophetinnen und Propheten berufen, die die Menschen aufrüttelten und mahnten, sich von den Göttern der Gier und der Macht abzukehren und Wege des Heils zu gehen.

Und dennoch sind wir Menschen bis heute ohne Einsicht, wir verschließen unsere Herzen, Kriege trennen die Völker, wir zerstören die Schöpfung und verweigern uns so der Liebe Gottes.

Und so werden wir noch immer von der Finsternis bedroht, Angst und Misstrauen beherrschen unser Leben und mit bangen Blicken schauen wir in die Zukunft.

Gott aber sprach in der Mitte der Nacht das ewige und erlösende Wort. Er sandte seinen Sohn auf die Erde, der aus Maria von Nazaret als Kind geboren wurde.

Er war der Menschensohn und ging den Weg, den wir alle gehen, er lehrte und heilte, starb in der Treue zu seinem Gott, er erstand aus dem Grab und wurde für uns alle zum Leben.

Darum feiern wir diese Nacht der Nächte, und wir gehen den Weg, den das Kind uns weist, den Weg des Vertrauens, der Hoffnung_und der Liebe.

Einstimmen „Der Mensch ist nicht mehr allein. Es gibt nun keine Nächte mehr ohne Licht, keine Gefängniszellen ohne echtes Gespräch, keine einsamen Bergpfade und gefährlichen Schluchtwege ohne Begleitung und Führung.“ (Alfred Delp)

Nicht mehr allein … Keine Nacht mehr ohne Licht … Der Mann, der das geschrieben hat, Alfred Delp, hat die dunkle Nacht der Gefängniszelle am eigenen Leib erfahren. Und eben dort schrieb er diesen Text, der voller Hoffnung von der Weih-Nacht, der geweihten Nacht spricht. Es ist Gott selbst, der diese Nacht geweiht hat – für alle, für jeden Menschen ohne Ausnahme. Für Menschen und Geschöpfe ist Gott Geschöpf geworden.

Alfred Delp schreibt weiter:
„Wir sind dem Leben mehr gewachsen, lebenstüchtiger und lebenskundiger, wenn wir den Weisungen dieser Nacht uns öffnen. Lasst uns wandern und fahren, lasst uns die Straßen und Schrecken des Lebens nicht scheuen und fürchten: in uns ist ein Neues geworden; lasst uns dem Leben trauen, weil diese Nacht das Licht bringen musste. Lasst uns dem Leben trauen, weil wir es nicht mehr allein zu leben haben, sondern Gott es mit uns lebt." (Alfred Delp)

Beginnen wir im Bewusstsein, erlöst zu sein und im Zeichen des Erlösers:
Im Namen Gottes, der Leben schenkt, im Namen Jesu Christi, der Mensch geworden ist, und im Namen der Heiligen Geisteskraft, die uns Hoffnung und Lebensfreude schenkt.

Vor Gott bringen

Liebender Gott, in dieser Nacht leuchtet uns dein Licht auf. Es ist klein und schwach, und doch besiegt es die Dunkelheit. Denn du selbst bist das Licht. In Jesus Christus kamst du in die Welt und wurdest ein Mensch wie wir.
Berühre unsere Herzen durch das Geheimnis deiner Liebe.
Vertreibe alle Angst und allen Unfrieden.
Wohne in uns und erfülle uns mit deiner Freude.

Hören *Der folgende Text ist eine Collage nach Jesaja 9,1–6 in freien Worten. Er kann von zwei Sprecher*innen vorgetragen werden.*

I Worte des Propheten Jesaja:
Das Volk, das im Dunkel lebt,
sieht ein helles Licht;
über denen, die im Land der Finsternis wohnen,
strahlt ein Licht auf.

II Schau auf die Lichtzeichen dieser Nacht.
Schau in dich hinein,
ob du auch für dich ein Licht siehst,
das dein Leben erhellt und dich hoffen lässt.

I Worte des Propheten Jesaja:
Man freut sich in deiner Nähe, Gott,
wie man sich freut bei der Ernte,
denn du zerbrichst das drückende Joch
und den Stock des Treibers.

II Schau auf die Lichtzeichen dieser Nacht.
Schau in dich hinein: Spürst du die Freude in dir?
Siehst du die Freude in den Gesichtern der Kinder?
Siehst du das Lächeln der Menschen,
die du besuchst oder beschenkst?
Siehst du, was Menschen für dich tun?

I Worte des Propheten Jesaja:
Jeder Stiefel, der dröhnend daher stampft,
jeder Mantel, der mit Blut befleckt ist,
wird verbrannt, wird ein Fraß des Feuers.

II Schau auf die Lichtzeichen dieser Nacht.
Schau in dich hinein: Glaubst du an die Kraft
des Friedens?
Siehst du das Gute auch in Menschen,
mit denen du Ärger hast?
Hast du den Mut, die Hand zur Versöhnung
zu reichen?

I Worte des Propheten Jesaja:
Denn uns ist ein Kind geboren,
ein Sohn ist uns geschenkt.
Die Herrschaft liegt auf seiner Schulter;
Man nennt ihn: Wunderbarer Ratgeber,
Starker Gott, Vater in Ewigkeit,
Fürst des Friedens.
Seine Herrschaft ist groß
und der Friede hat kein Ende.

II Schau auf die Lichtzeichen dieser Nacht.
Schau in dich hinein!
Dies ist die Nacht der Nächte,
Sie spricht von einem neuen Anfang.
Von einem Kind.
Es ist klein, und doch groß.
Sein Licht leuchte auch für dich.

Vertiefen

Ein Alltagssprichwort sagt: „Die Hoffnung stirbt zuletzt." Ich glaube sogar: Die Hoffnung stirbt niemals. Sie ist in den dunkelsten Jahren des letzten Jahrhunderts mit zwei verheerenden Weltkriegen nicht gestorben. Sie ist am 11. September 2001 bei den Terroranschlägen nicht gestorben, auch nicht in der Corona-Krise. Sie wird auch heute und morgen nicht sterben.

Der Karmelit Reinhard Körner beschreibt in seinem Buch „Gott ist auch wer!", wie sich seine Einstellung zu Weihnachten grundlegend verändert hat. Er erzählt vom Weihnachtsfest im Jahr 1982, er lebte damals im Karmel Jauernick bei Görlitz:

„Anders als ich es bis dahin gewohnt war, beschenkten wir einander nicht, und in der Zeit zwischen dem Abendessen und der Christmette hielt sich jeder allein in seiner Klosterzelle auf. Der Reihe nach brachte dann ein Bruder dem anderen für eine halbe Stunde die Christkindfigur aus der Weihnachtskrippe in die Zelle. Allein mit der schmucklosen Tonfigur kam mir an jenem Abend zum ersten Mal der Gedanke: Ich habe Weihnachten eigentlich noch nie so richtig mit dir verbracht, Jesus. Ich habe dir noch nie zum Geburtstag gratuliert, ich habe dir noch nie gesagt, wie gut es ist, dass du da bist; ich habe dich auch noch nie gefragt, was du dir zu deinem Geburtstagsfest wünschst oder wie es dir geht und deinem Gott – mit mir, mit uns, mit Weihnachten und das ganze Jahr durch." (Reinhard Körner)

Wie geht es ihm mit mir, mit uns, mit der Welt? Wie geht es mir mit ihm? Wir laden Sie ein, sich für diese Frage – und vielleicht wird daraus ein Gebet – Zeit zu lassen. In die leere Krippe hier vor dem Altar legen wir währenddessen das Kind. Hören wir hin, was es in der Stille sagt. Hören wir auf uns selbst, was wir ihm sagen möchten.

Das Kind wird still in die Krippe gelegt.

Hören *Das Evangelium nach Lk 2,1–20 kann in drei Abschnitten gelesen oder gesungen und an zwei Stellen durch Gemeindegesang unterbrochen werden.*

I Lk 2,1–7 (an der Krippe)
II Lk 2,8–14 (in der Mitte der Gemeinde)
III Lk 2,15–20 (am Christbaum)

Bitten *Zwei Lektor*innen lesen die Bitten abwechselnd und zünden dazu jeweils eine Kerze an.*

Gott, in der Geburt Jesu Christi hast du uns deine Menschenfreundlichkeit gezeigt. So wollen wir ein Licht anzünden für die Menschen, denen wir in dieser Nacht verbunden sind und für die wir zu dir beten.

○ Für den Mut will ich ein Friedenslicht entzünden, damit Christus allen den Rücken stärkt, die sich einsetzen für Toleranz und ein gutes Miteinander.
○ Für die Hoffnung will ich ein Friedenslicht entzünden, damit Christus uns befähigt, niemals aufzugeben.
○ Für die Freiheit will ich ein Friedenslicht entzünden, damit Christus alle befreit, die in äußeren und inneren Zwängen gefangen sind.
○ Für den Dank will ich ein Friedenslicht entzünden, damit Christus alle erfreut, die sich unermüdlich einsetzen für ihre Mitmenschen.
○ Für die weltweite Gemeinschaft aller Menschen will ich ein Friedenslicht entzünden, damit Christus viele gute Wege aufzeigt, wie wir heute sei-

nem Beispiel glaubwürdig und konsequent folgen können.

Weitere Lichter können in Stille vor die Krippe gestellt werden.

Du, Christus, bist das Licht der Welt. Ehre sei dir im Himmel, und durch dich werde Friede auf unserer Erde. Amen.

Bereiten Liebender Gott, unsere Gaben sind schlicht wie die Gaben der Hirten an der Krippe. Wir glauben daran, dass du uns damit das große Geschenk machst, in dem wir Jesus begegnen, sein Leben und seine Kraft in uns aufnehmen. Nimm du Wohnung in unseren Herzen und verwandle sie. So bitten wir dich durch deinen Mensch gewordenen Sohn Jesus Christus. Amen.

Danken Liebender Gott, wir danken dir für die Geburt Jesu. Wir danken dir für das neue Leben, das uns durch ihn geschenkt ist. Lass das Licht des Glaubens in uns leuchten und das Feuer der Hoffnung in uns brennen. Verwandle uns, damit wir uns hingeben und hineingeben in das Leben – mit Leib und Seele, mit aller Schönheit und aller Begrenzung. So wird Christus auch in uns Mensch werden, er, der mit dir und dem Heiligen Geist lebt und Leben schenkt in Zeit und Ewigkeit. Amen.

Segnen Seid gesegnet mit dem Licht der Heiligen Nacht!
Wenn ihr im Dunkeln geht,
möge euch das Licht Christi den Weg zeigen!
Wenn ihr in Sorge seid,
möge das Licht Christi eure Seele erhellen.
Wenn ihr in euren Mitmenschen Christus ehrt,
möge auch in euch das Licht der Hoffnung leuchten!
Seid gesegnet mit dem Licht der Heiligen Nacht!

ROTER FADEN SEHNSUCHT

WEIHNACHTEN – AM ABEND

Vorbereiten

- Die Stühle sind in vier Viertelkreisen angeordnet, sodass jeweils zwischen den Stuhlblöcken Raum ist.
- In der Mitte steht eine Laterne mit dem „Licht von Betlehem". An den Plätzen liegen Doppelkarten, in deren Mitte ein roter Faden leicht angeklebt ist. Der Faden ist so gebunden, dass er an einem Ende aufgezogen werden kann.

Einstimmen Den Weihnachtsabend einmal anders feiern – dazu haben wir Sie eingeladen. Wir möchten diesen Abend so gestalten, dass Zeit zur Besinnung und zur Begegnung ist. Wir werden Musik und meditative Texte hören, Lieder singen, zusammen beten und auch miteinander in Kontakt kommen; denn was wäre Weihnachten ohne Beziehung und Gemeinschaft? Wir laden Sie ein, am Anfang das uralte Lied zu singen:

Lied Ich steh an deiner Krippe hier (GL 256)

Probieren Auf Ihrem Platz finden Sie eine Karte mit einem roten Faden. Vom „roten Faden“ sprechen wir immer dann, wenn sich etwas durch eine längere Zeit unseres Lebens, ja vielleicht durch das ganze Leben hindurchzieht. Wenn Sie am unteren Ende des Fadens ziehen, öffnet er sich und wird ungefähr einen Meter lang.

Nennen wir diesen Faden heute Abend „Roter Faden Sehnsucht“. Er lädt uns ein, ein wenig unserer eigenen Sehnsucht nachzuspüren. Tun Sie das nicht nur in Gedanken, sondern mit Ihren Gefühlen, mit Ihren Sinnen und mit Ihrem ganzen Wesen.

Irgendwann, ganz früh in unserem Leben, hat die Geschichte unserer Sehnsucht begonnen. Es war schon vor unserer Geburt. Vermutlich hängen alle unsere Sehnsüchte irgendwie mit unseren Erfahrungen im Mutterleib zusammen. Da haben wir eine Geborgenheit erlebt wie nie mehr später. Wir waren eingehüllt in Wärme und Schutz.

Als Kinder haben wir uns immer wieder danach gesehnt. Und ein Stück weit haben wir die Geborgenheit auch erfahren. Aber eben nur ein Stück weit. Immer war diese Geborgenheit gefährdet. Oft fühlten wir uns einsam und verlassen, auch dann, wenn unsere Eltern uns sehr liebhatten.

Heute – als Erwachsene – ist die Sehnsucht immer noch da. Vielleicht ist sie stärker als je zuvor. Wir suchen nach Geborgenheit bei Freunden und Freundinnen, bei Partnern und Partnerinnen, bei Kindern und Eltern. Wir finden sie auch – ein Stück weit.

Die großen Mystikerinnen und Mystiker sagen uns: Sehnsucht ist unendlich und unsterblich. Sie reicht in die Ewigkeit hinein. Darum kann auch nur Gott sie stillen.

Sie fängt irgendwo an, die Sehnsucht. So wie dieser rote Faden plötzlich anfängt. Aber das ist nicht wirklich der Anfang, Der Faden war einmal viel länger, er hat einen Anfang vor dem Anfang. Und er hat ein Ende nach dem Ende. Das, was wir hier sehen, ist nur ein Stück, abgeschnitten vom Ganzen.

Nelly Sachs hat zu diesem „Roten Faden Sehnsucht" ihr berühmt gewordenes Gedicht geschrieben.

„Alles beginnt mit der Sehnsucht,
immer ist im Herzen Raum für mehr,
für Schöneres, für Größeres.
Das ist des Menschen Größe und Not:
Sehnsucht nach Stille, nach Freundschaft und Liebe.
Und wo Sehnsucht sich erfüllt,
dort bricht sie noch stärker auf.
Fing nicht auch deine Menschwerdung Gott,
mit dieser Sehnsucht nach dem Menschen an?
So lass nun unsere Sehnsucht damit anfangen,
dich zu suchen,
und lass sie damit enden,
dich gefunden zu haben." (Nelly Sachs)

Nehmen Sie sich ein wenig Zeit, den roten Faden Sehnsucht zu meditieren. Vielleicht spielen Sie ein wenig mit ihm. Es gibt auch Schleifen und Knoten in der Sehnsucht, Und manchmal schwingt sie einfach hin und her.

Instrumentalmusik

Der Sehnsucht Worte geben

Auch in der Bibel ist von der Sehnsucht die Rede. Im Grunde geht es immer um die Sehnsucht. Auch und gerade in der Weihnachtsgeschichte. Wir laden Sie ein, sich einmal in die Figuren dieser Geschichte einzufühlen.

I Ich heiße Elisabeth.
Ein halbes Leben haben wir uns nach Kindern gesehnt und darunter gelitten, dass wir keines bekamen. Ich konnte einfach nicht verstehen, wieso. Die Blicke und Anspielungen der Verwandtschaft, die Bemerkungen der Nachbarn – es war schrecklich. Ich konnte die Sehnsucht nicht mehr zulassen.

II Mein Name ist Zacharias.
Da war der Spott der Arbeitskollegen im Tempel. Immer wieder die hämische Frage, wieso uns Gott kein Kind schenkt. Irgendwann haben wir uns damit abgefunden, wir sind alt geworden, und unsere allergrößte Sehnsucht blieb unerfüllt.
Bis jetzt der Engel kam. Ich konnte es nicht glauben, was er sagte. Ich blieb stumm, bis er auf die Welt kam, unser Johannes.

Instrumentalmusik

III Ich heiße Maria und komme aus Nazaret.
Fürchte dich nicht, hat der Engel zu mir gesagt, du wirst schwanger werden und einen Sohn wirst du gebären. Ich war sehr erschrocken, das könnt ihr mir glauben. Ihr fragt nach meiner Sehnsucht. Sicher wollte ich irgendwann eine Familie, so wie ich es von meinen Eltern her kenne, eigene Kinder, ein Zuhause, wo man hingehört. Und den Mann dazu hatte ich auch schon gefunden, Josef. Hier in Nazaret wollten wir leben und gemeinsam alt werden, umgeben von Kindern, Enkelkindern und Urenkelkindern, das waren unsere Pläne. Aber es kam ganz anders.

IV Ich bin Josef.
Ja, es kam alles ganz anders. In der Werkstatt lief es gut, ich hatte das Gefühl, dass ich mich bald selb-

ständig machen kann. Zusammen mit Maria habe ich mich auf die Zukunft gefreut. Aber wir wollten nichts überstürzen. Und dann war sie schwanger und ich wusste nicht von wem. Kurz bevor ich mich aus der Geschichte rausziehen wollte, hatte ich einen Traum. Da wurde mir klar, was Gott von mir will.

Instrumentalmusik

V Ich bin einer von den Hirten, die auf den Feldern Betlehems ihre Schafherden hüteten.
Sehnsucht? Es fragt uns doch keiner, was wir brauchen. Die Leute gehen uns aus dem Weg. Klar, wir haben Wünsche: etwas zu essen und einen trockenen Schlafplatz, das ist schon viel … Aber sonst? – Mit einem Engel, der uns eine gute Nachricht bringt, hat keiner von uns gerechnet. Und noch weniger mit einem Kind, das gerade erst geboren war. Es war einfach überwältigend. Soviel Licht und Wärme. Wir waren willkommen, alle, jeder von uns! Wenn ich dran denke, bekomme ich jetzt noch eine Gänsehaut.

VI Wir werden Sterndeuter genannt.
Wir waren voller Erwartung und Neugier. Die Sehnsucht war so stark, dass wir dem Stern, der da neu am Firmament erschienen ist, einfach folgen mussten. So wie er leuchtete, versprach er uns, den Retter zu finden, der die Welt neu gestalten wird. Als wir vor dem Königspalast standen, dachten wir: Da muss es sein. Aber der Stern zog weiter bis zu diesem Stall mit dem Kind. Ist das jetzt das Ziel unserer Sehnsucht?

Sehnsuchtslied

Sehnsucht kann ein ganz privates Gefühl sein, eine romantische, ja sogar sentimentale Empfindung. Die Sehnsucht nach der „großen“ Liebe zum Beispiel oder die Sehnsucht nach den alten, „besseren“ Zeiten.
Sehnsucht ist aber noch mehr als ein privates Gefühl. Wir sehnen uns nach Frieden, nach Gerechtigkeit.

Angesichts der großen Spannungen zwischen den Weltreligionen sehnen wir uns nach Toleranz und Dialog.
Die West Side Story ist ein modernes Romeo-und-Julia-Drama, das sich in den 50er Jahren des letzten Jahrhunderts in den Migrantenvierteln von New York abspielt. Toni und Maria lieben sich. Sie gehören aber zwei verschiedenen und verfeindeten Jugendgangs an. Doch sie lassen sich die Hoffnung auf eine Zukunft nicht nehmen. Irgendwo wird ihre Liebe einen Ort finden. Irgendwann wird es Zeit geben für ihre Liebe. Irgendwann gibt es einen Weg der Vergebung und ein neues Leben: „Somewhere" – ein Lied der Sehnsucht.

Lied *Jemand singt das Lied „Somewhere" zur Gitarre oder Harfe. Es kann auch eingespielt werden.*

Jesus hat diesen Weg vorgelebt – nicht für „irgendwo und irgendwann", sondern hier und jetzt, überall auf der Welt. Dieser Weg bleibt zeitlos aktuell.

Bitten *Die Lichter werden verteilt, die Teilnehmenden entzünden sie am Licht von Betlehem. Sie stehen auf, nehmen das Licht in die linke Hand und legen die rechte Hand der Nachbarin / dem Nachbarn auf die Schulter. Die freien Fürbitten enden mit dem gemeinsamen Vaterunser.*

Segnen Du hast uns geschaffen, Gott,
damit wir Licht für die Welt sind
und zu einem Leben in Fülle finden,
wo wir in dir sind und du in uns bist.
Segne unsere Sehnsucht nach dem Leben.

Du lockst unseren Geist,
dich mit allen Fasern unseres Daseins zu suchen.
Du rufst unser Herz, nach dem zu spüren,
was mehr gibt als alle Freude der Welt.
Segne unsre Sehnsucht nach der Wahrheit.

Dein Sohn kam, um Feuer auf die Erde zu werfen
und er wollte, dass es brennt.
Entzünde uns mit dem Feuer des Geistes –
entfache die Glut unter der Asche unserer Müdigkeit.
Segne unsere Sehnsucht nach Licht.

Wir sind geschaffen auf das Bild Jesu Christi hin,
Präge sein Wesen in unsere Seele ein,
dass wir nicht nur seinen Namen tragen,
sondern seinen Weg gehen.
Segne unsere Sehnsucht nach Liebe.

Lied Zu Betlehem geboren (GL 239)

VON TRAUMENGELN UND ENGELTRÄUMEN

WEIHNACHTEN – AM ABEND

Vorbereiten

- Die Stühle sind im Halbkreis zur Krippe hin offen gestellt. Auf dem Boden ist ein großes weißes Plakat ausgebreitet, ein dicker Filzstift liegt daneben. Seitlich von der Mitte liegt eine Decke zum Ruhen.
- Wenn möglich, werden vor dem Gottesdienst aus alten Buchseiten Engel gebastelt (Anleitung im Internet), die im Gottesdienst verschenkt werden.

Einstimmen Herzlich begrüßen wir Sie an diesem Weihnachtsabend. Wir hoffen, dass Sie bis jetzt ein schönes und vor allem gesegnetes Weihnachtsfest erleben durften. Heute Abend laden wir Sie zu einer anregenden, besinnlichen und meditativen Stunde ein. Unser Motto heißt: Von Traumengeln und Engelträumen. Es geht aber nicht nur um Engel, sondern auch um Menschen, konkret um aufgeweckte Träumerinnen und Träumer. Ob Engel auch Träume haben, wissen wir nicht, wohl aber, dass manche von uns von Engeln träumen. In der Bibel werden uns viele solcher Träume erzählt. Engel – so sagt die Bibel – haben ganz wichtige Traumstimmen. Und da geht es immer um Gotteserfahrungen.

Wenn ich die Weihnachtsgeschichte im Matthäusevangelium lese, dann fällt mir auf: Hier sind die Rollen ganz anders verteilt als bei Lukas. Bei Matthäus begegnen uns immer wieder zwei Figuren: der namenlose Traumengel auf der einen Seite, und der aufgeweckte Engelträumer auf der anderen Seite. Dieser heißt Josef und er träumt gleich drei Mal. Wir laden Sie ein, mit ihm auf Traumreise zu gehen.

Lied I have a dream (ABBA) – *gesungen zur Gitarre oder zur Harfe*

Vor Gott bringen

Gott,
in meiner innersten Seele bist du.
Du lebst in mir wie ein Traum,
so bunt und aufregend, so wirklich und belebend,
so still und verborgen.
Wie einen Traum will ich dich hüten und mich an dich erinnern.
Du bist Mensch geworden,
du bist Herz und Blut, Hand und Fuß,
Schwester und Bruder, Freundin und Nachbar.
Im Menschen will ich dich lieben und eins werden mit dir.

Besinnen Wir nehmen uns ein paar Minuten Zeit, zu meditativer Musik über einige Fragen nachzudenken, die Sie auf dem Textblatt (siehe S. 77) finden. Wenn Sie wollen, können Sie Ihre Gedanken auch aufschreiben und das Blatt dann mit nach Hause nehmen.

Meditative Musik

Hören *Drei Personen stehen an der Krippe und sprechen die Rollen des Evangelisten, des Engels und Josefs. Zwei weitere Personen ergänzen die Dialoge durch Pantomime (als Engel und Josef).*
Der Darsteller des Josef legt sich auf die Decke und ruht. Der Darsteller des Engels kommt von der Seite, geht einmal um Josef herum und berührt ihn sachte. Josef dreht sich um. Der Engel geht noch einmal um ihn herum und berührt ihn wieder. Josef dreht sich auf die andere Seite. Beim dritten Mal wacht Josef auf, reibt sich die Augen und setzt sich auf. Der Engel steht regungslos hinter ihm.

Josef Jede Nacht geht das so. Im Traum sehe ich Licht und Schatten. Viele Farben, die ineinanderfließen. Und plötzlich bin ich mitten drin, zwischen hell und dunkel, zwischen recht und schlecht bin ich – im Zwielicht, im Niemandsland.

Er richtet sich weiter auf, verbirgt das Gesicht in den Händen.

Maria – sie ist schwanger – ich sehe es ihr an, auch wenn sie nichts sagt. Und wer ist der Vater? Ich weiß von nichts. – Nach dem Gesetz müsste ich zum Richter gehen und Maria … Nein, ich kann es nicht aussprechen. Ich will es nicht einmal denken. Was soll denn nun aus uns werden? Und aus dem Kind? Gesetz oder Gnade? Was ist denn nun gerecht?

Evangelist „Mit der Geburt Jesu Christi war es so: Maria, seine Mutter, war mit Josef verlobt; noch bevor sie zusammengekommen waren, zeigte sich, dass sie ein Kind erwartete – durch das Wirken des Heiligen Geistes. Josef, ihr Mann, der gerecht war und sie nicht bloßstellen wollte, beschloss, sich in aller Stille von ihr zu trennen." (Mt 1,18 f.)

Der Engel breitet über Josef die Hände aus.

Evangelist „Während er noch darüber nachdachte, siehe, da erschien ihm ein Engel des Herrn im Traum und sagte:

Engel Josef, Sohn Davids, fürchte dich nicht, Maria als deine Frau zu dir zu nehmen; denn das Kind, das sie erwartet, ist vom Heiligen Geist. Sie wird einen Sohn gebären; ihm sollst du den Namen Jesus geben; denn er wird sein Volk von seinen Sünden erlösen. Dies alles ist geschehen, damit sich erfüllte, was der Herr durch den Propheten gesagt hat: Siehe: Die Jungfrau wird empfangen und einen Sohn gebären und sie werden ihm den Namen Immanuel geben, das heißt übersetzt: Gott mit uns.

Evangelist Als Josef erwachte, tat er, was der Engel des Herrn ihm befohlen hatte, und nahm seine Frau zu sich. Er erkannte sie aber nicht, bis sie ihren Sohn gebar. Und er gab ihm den Namen Jesus." (Mt 1,20–25)

Josef steht vollends auf, geht zur Mitte hin, sieht das große weiße Blatt und schreibt in großen Buchstaben darauf den Namen JESUS. Er bleibt vor dem Blatt sitzen und betrachtet es still.

In leise Meditationsmusik hinein spricht jemand:

*Sprecher*in* Gib deinem Kind einen Namen
und es beginnt zu wachsen.
Gib deinem Traum einen Namen
und er wird eine Vision.
Gib deiner Dunkelheit einen Namen
und sie hellt sich auf.
Gib deiner Trauer einen Namen
und sie wird Mitgefühl.
Gib deiner Angst einen Namen
und sie verwandelt sich in Mut.
Gib deinem Engel einen Namen
und er bekommt Flügel.

Instrumentalmusik
Ich steh an deiner Krippe hier (nach J. S. Bach)

Der Engel bewegt sich zur Mitte hin, stellt sich in einiger Entfernung hinter den auf dem Boden knienden Josef und breitet wieder die Hände aus.

Evangelist Wieder „erschien dem Josef im Traum ein Engel des Herrn und sagte:

Engel Steh auf, nimm das Kind und seine Mutter, und flieh nach Ägypten; dort bleibe, bis ich dir etwas anderes auftrage; denn Herodes wird das Kind suchen, um es zu töten.

Evangelist	Da stand Josef in der Nacht auf und floh mit dem Kind und dessen Mutter nach Ägypten. Dort blieb er bis zum Tod des Herodes.“ (Mt 2,13–15)
	„Als Herodes gestorben war, erschien dem Josef in Ägypten ein Engel des Herrn im Traum und sagte:
Engel	Steh auf, nimm das Kind und seine Mutter und zieh in das Land Israel; denn die Leute, die dem Kind nach dem Leben getrachtet haben, sind tot.
Evangelist	Da stand er auf und zog mit dem Kind und dessen Mutter in das Land Israel.“ (Mt 2,19–21)
	Josef steht auf und dreht sich um. Er steht dem Engel vis-à-vis gegenüber. Der Engel nimmt ihn an der Hand und geht mit ihm zum Plakat, auf dem der Name JESUS steht. Sie knien sich nieder und bleiben eine Weile. Der Engel schreibt: Fürchte dich nicht!
Kanon	Fürchte dich nicht (Liederbücher)
Deuten	Der Engel, der uns Mut macht, der mit uns geht, der oft still und unbemerkt auftritt – er hat einen Namen: „Fürchte dich nicht!“ Er nimmt immer wieder neue Namen und neue Gestalt an. Er nimmt auch manchmal meine und deine Gestalt an. Der Engel ist ein Verwandlungskünstler.
	Aus den Seiten alter Bücher sind die kleinen Mut-Engel gebastelt worden, die wir Ihnen gerne mitgeben möchten. Alte Bücher, verbraucht und scheinbar unbrauchbar, haben sich zu Engeln verwandelt, zu Engeln mit dem Namen „Fürchte dich nicht!“ Wenn Sie wollen, können Sie die Engel tauschen und einander das schöne Engel-Wort zusprechen „Fürchte dich nicht!“ Oder sonst etwas Schönes.
Kanon	Fürchte dich nicht

Bitten Es ist gut, sich gegenseitig Mut zuzusprechen, es ist gut, Träume zu teilen, dann werden sie eher Wirklichkeit. Es tut gut, gemeinsam zu beten und zu bitten. Wir laden Sie ein, einfach Namen auszusprechen oder auch nur zu denken, Namen von Menschen, die Ihnen am Herzen liegen oder denen Sie heute Abend ein stilles Gedenken schicken möchten.

Stille – Raum für Gebetsworte

Kanon Fürchte dich nicht (einstimmig und im Kanon)

Segnen Gütiger Gott,
unsere Bitten sind Träume – Träume von einem besseren Leben für uns und andere Menschen, Träume von einer anderen Welt.
Für diese Träume brauchen wir viele Engel: Engel des Friedens, der Versöhnung, der Hilfsbereitschaft und des Vertrauens.
Lass diese Kräfte in uns wirksam werden, damit wir Schritt für Schritt gemeinsam deinen Traum von einer anderen Welt verwirklichen. Amen.

Lied Ich steh an deiner Krippe hier (GL 256)

TEXTBLATT

I have a dream …

Habe ich einen Traum für das neue Jahr?

Welche Träume möchte ich verwirklichen?

Welche Träume muss ich loslassen?

YOU LIGHT UP MY LIFE

WEIHNACHTEN – AM ABEND

Vorbereiten

- Die Stühle sind in vier Viertelkreisen angeordnet, sodass jeweils zwischen den Stuhlblöcken Raum ist.
- Zu Beginn erleuchtet gedämpftes Licht den Kirchenraum. In der Mitte steht eine aus Egli-Figuren gestaltete Krippe, davor ein Korb mit bunten Blüten, drum herum ist genügend freier Platz.
- Liedzettel werden ausgelegt.

Einstimmen Den Weihnachtsabend einmal anders feiern – dazu haben wir Sie eingeladen. Der Abend soll uns Raum und Zeit schenken für Besinnung und Begegnung. Wir werden Musik und meditative Texte hören, Lieder singen, zusammen beten und miteinander in Kontakt kommen.

Wir laden Sie ein, am Anfang das uralte Lied zu singen: „Es ist ein Ros entsprungen“. Weihnachten – die Geburt Jesu – ist, wie wenn im Winter eine Rose blüht. Oder wenn aus einem Baumstumpf wieder ein Zweig wächst.

Lied Es ist ein Ros entsprungen (GL 243)

Hier in der Mitte brennen noch die Lichter am Adventskranz, der uns durch die letzten vier Wochen begleitet hat. Auch heute wird uns das Licht begleiten. Bis jetzt weiß niemand genau, was Licht ist. Aber es ist etwas Großartiges. Wenn am Morgen die ersten Sonnenstrahlen die Dämmerung heraufführen, wenn am Weihnachtstag jemand die erste Kerze am Baum anzündet, wenn bunte Farben aufleuchten – immer wieder das Wunder Licht.

Erkennen Die Kerzen des Adventskranzes brennen noch einmal. Aber sie sollen nicht auf dem Kranz bleiben, sondern in unseren Kreis kommen und so aufgestellt werden, dass sie in die vier Himmelsrichtungen zeigen.

Die Sprecher stellen die Kerzen in die Lücke zwischen den Stühlen und sprechen dann ihren Text.

Zur ersten Kerze:
I Eins ist die Zahl Gottes.
Gott ist eins mit sich selbst.
Es ist ein Gott, der in allem lebt.
Gott ist das Geheimnis unseres Lebens.
Gerade darum sehnen wir uns nach ihm.
Ihm zu Ehren stellen wir dieses Licht auf.

Zur zweiten Kerze:
II Zwei ist die Zahl der Menschen.
Von vielem haben wir zwei:
Zwei Hände, zwei Füße, zwei Ohren,
zwei Augen, zwei Lippen.
Zwei sind wir – Frau und Mann.
Für uns Menschen stellen wir dieses Licht auf.

Zur dritten Kerze:
III Drei ist die Zahl der Familie.
Aus Mann und Frau wird ein Kind geboren,
das Leben ist uns geschenkt.
Das Leben geht weiter
von Generation zu Generation
Für die Kinder und die Familien stellen wir dieses Licht auf.

Zur vierten Kerze:
IV Vier ist die Zahl der Welt.
Vierzahl ist Vielzahl.
Vier Windrichtungen, vier Elemente.
Die Welt ist so vielfältig,
reich und komplex.
Für unsere Welt stellen wir diese Kerze auf.

Vor Gott bringen

In der Mitte steht ein Korb mit Blumen. Wenn Sie wollen, können Sie eine Blume aus dem Korb holen und sie mit einem stillen Gebet zu einer der Kerzen legen – als Dank an Gott, als stille Liebeserklärung an einen Menschen, als Bitte für Kinder, für eine Familie, für die Welt. Wenn Sie wollen, können Sie auch ein Gebet oder ein Anliegen auf eine Karte schreiben und sie zur Kerze dazulegen.

Meditative Musik

Hören Die Ich-Du-Ballade (frei nach 1 Kor 13)

*Drei Sprecher*innen verteilen sich im Raum, an Stellen, wo sie nicht gesehen, sondern nur gehört werden (zum Beispiel: I auf der Empore, II im Vorraum, III hinter einer Säule)*

I Ich
II Ich
III Ich
I Nicht du, ich
II Ihr doch nicht, ich
III Niemand von Euch, nur ich
Alle drei Ichichichichichich … (ebbt ab)

I *(flüstert)*
Nur ich?
II Ich mutterseelenallein?
III Ich ohne dich?
I Du?
II Du auch hier?
III Wer bist du?
I Ich und du?
II Du und ich?
III Ihr und wir?

*Die Sprecher*innen kommen aus ihrem Versteck und treffen sich in der Mitte des Raumes. Jede*r stellt* *sich je zu einer der Adventskerzen, die „Gotteskerze“ bleibt frei.*

I Was bin ich ohne euch?
Was bin ich ohne die Liebe?
Nichts. Rein gar nichts.

II Gewiss. Ich kann mehrere Sprachen sprechen.
Ich kann im Internet mit Menschen in allen Erdteilen kommunizieren.
Was nützt mir das alles, wenn mir die Liebe fehlt?

III Ich kann für die Hungernden spenden.
ich kann gegen Rechtsradikalismus demonstrieren,
ich kann Petitionen unterschreiben für politisch Verfolgte.
Ohne Liebe ist das nur Blendwerk.

I Ich kann ein Gottsucher sein,
ein Mystiker sogar,
ich kann die Bibel auswendig lernen,
Gottes Gebote befolgen, mich an sein Wort halten.
Ohne die Liebe ist auch das nichts.

II Liebe? Was ist denn Liebe?

III Die Liebe ist gelassen und feinfühlig.
Sie kennt keinen Neid, keine Selbstsucht,
sie ist nicht überheblich, sie nimmt sich zurück.

I Die Liebe verletzt nicht und reagiert nicht beleidigt.
Sie trägt das Unrecht nicht nach,
noch weniger freut sie sich daran.
Sie freut sich, wenn Recht und Wahrheit gewinnen.

II Die Liebe ist nicht nur stark,
sie kann auch schwach sein und bedürftig.
Aber sie lässt sich nicht entmutigen.
Sie ist still und hält aus, auch in dunklen Zeiten.

III	Es wird die Zeit kommen, da gibt es nichts mehr zu sagen. Unsere Intelligenz und Wissenschaft werden am Ende sein. Es wird sich zeigen, dass selbst unsere Gebete Menschenwerk sind. Nur eines wird immer bleiben: die Liebe.
I	Was ich jetzt sehe und höre, sind nur Bruchstücke. Dann aber werde ich Gott von Angesicht zu Angesicht schauen. Ich werde ihn erkennen, wie er ist. So klar, wie er mich jetzt schon kennt.
II	Was wird bleiben von unserer Welt? Von uns selbst? Ich glaube, es sind diese drei: Glaube, Hoffnung und Liebe. Die Liebe aber ist das Größte.
Lied	You Light Up My Life *als Sololied zu Harfe/Gitarre/Klavier vorgetragen oder auch von einem Datenträger gespielt.*
Vertiefen	Weihnachten – Fest der Begegnung miteinander. Wen haben Sie heute schon getroffen? Wem sind Sie begegnet an diesem Weihnachtsfest? Vielleicht verabredet und geplant, vielleicht überraschend oder fast beiläufig?
	Aus Begegnungen entstehen Freundschaften. Und es ist nur natürlich, dass ich mit Menschen, die ich liebgewonnen habe, die mir etwas bedeuten, in Kontakt bleiben will, sie wiedertreffen möchte.
	Es gibt Menschen, die sehe ich einmal im Jahr, aber es ist so, als wären wir nie getrennt gewesen, mühelos lässt sich an der letzten Begegnung anknüpfen, irgendwie waren sie ja doch dabei, in der Zwischenzeit.

Dann sind da die eher flüchtigen Bekanntschaften,
man sieht sich, freut sich drüber,
und jeder geht seines Weges.
Und dann die engen Freundinnen und Freunde,
die, die mir nahe sind, die ich auch mitten in der Nacht anrufen kann.
Mit ganz wenigen Menschen teile ich den Alltag,
Tag für Tag, sie sind mir nahe,
vielleicht habe ich sie in Liebe gewählt,
vielleicht haben uns andere Gründe zusammengebracht.

Weihnachten – das Fest der Begegnung mit Gott.
Darauf haben wir uns im Advent vorbereitet.
Wie ist es mit Gott? Welche Art von Beziehung habe ich zu ihm?
Wie begegne ich ihm an Weihnachten?

Beten

*Jemand holt das Licht von Betlehem und gibt es an alle Teilnehmer*innen weiter. Währenddessen meditative Musik.*

Wir laden Sie ein, aufzustehen und das Licht in die linke Hand zu nehmen, die rechte Hand der Nachbarin / dem Nachbarn auf die Schulter zu legen. Sprechen wir freie Fürbitten – sie müssen nicht perfekt formuliert sein. Vielleicht ist es nur ein Name, eine Situation, ein spontaner Gedanke.
…
Führen wir unsere Gebete im Vaterunser zusammen.

Segnen

Du Mensch gewordener Gott,
breite deinen Segen aus wie ein großes Zelt,
in dem wir alle Platz haben.
Breite deinen Segen aus wie die Luft,
die wir atmen.
Breite deinen Segen aus wie ein frohes Lächeln,
das Wohnung findet in unseren Herzen.

Du Mensch gewordener Gott,
lass deinen Segen zum Trost werden,
der uns in dunkler Nacht den Morgen ansagt.
Lass deinen Segen zur Kraft werden,
die uns auf unsere Füße stellt und uns den Weg zeigt.
Lass deinen Segen zur Liebe werden,
die uns den anderen zuwendet
und in ihren Augen die Hoffnung erkennt.

So gib du uns deinen Segen, du großer und ewiger,
du kleiner und menschlicher,
du verborgener und doch gegenwärtiger Gott –
der Vater und der Sohn und der Heilige Geist.

Die Teilnehmer*innen werden eingeladen, das Licht von Betlehem mitzunehmen und an zu Haus Gebliebene weiterzugeben.

Lied O du fröhliche (GL 238)

MEDITATIVE GOTTESDIENSTE IN DER DER WEIHNACHTSZEIT

STEINE VERWANDELN

FEST DES HEILIGEN STEPHANUS

Vorbereiten

- Vor dem Altar liegen Steine.
- Daneben ein Plakat mit der Aufschrift „Herr Jesus, nimm meinen Geist auf!"
- Ein schlichtes Kreuz

Einstimmen Hier liegt ein Stein und darüber ist ein schlichtes Kreuz gelegt. An der Seite sehen Sie ein großes Plakat mit der Aufschrift „Herr Jesus, nimm meinen Geist auf!" Dies sind die letzten Worte, die uns vom heiligen Stephanus, den wir am heutigen Tag feiern, überliefert sind. Er wurde als erster Märtyrer der Kirche nach heftigem Disput von gewalttätigen Anhängern der Synagoge gesteinigt. Die Apostelgeschichte erzählt uns davon.

Steine können zu Waffen und Zeichen brutaler Gewalt werden. Das geschieht auch heute noch. Millionen Menschen werden wegen ihres Glaubens oder ihrer Überzeugung sinnlos verfolgt, gefoltert und umgebracht. Das Weihnachtsfest will diese traurige Tatsache nicht beschönigen, im Gegenteil, selbst das Kind Jesus musste die Erfahrung der Verfolgung machen. Der „Friede auf Erden", den die Engel auf dem Hirtenfeld verkündeten, braucht auch heute den entschiedenen Protest gegen alle Formen der Ausgrenzung und Gewalt.

Stephanus selbst hat sich in den letzten Augenblicken seines Lebens – wir lesen es in der Apostelgeschichte – auf Jesus berufen. Dafür steht das Kreuz als Zeichen der Liebe und Vergebung. Ich lade Sie ein, sehr bewusst das Kreuzzeichen zu machen – ein Zeichen, das Himmel und Erde verbindet und auch uns Menschen untereinander: Im Namen des Vaters und des Sohnes und des Heiligen Geistes. Amen.

Erkennen

Widersprechen, obwohl ich es besser weiß,
aus Prinzip dagegen sein,
den Groll in meinem Herzen schüren –
das kenne ich von mir selbst.
Und ich rufe nach ihm, der die Liebe ist.

Stille

Dunkelheit auf meinem Weg,
Ängste, die sich wie Nebel ausbreiten,
verschlossen und unzugänglich sein,
das kenne ich von mir selbst.
Und ich rufe nach ihm, der das Licht ist.

Stille

Überheblich die Nase rümpfen,
mit verletzenden Worten um mich werfen,
den guten Namen anderer beschädigen,
das kenne ich von mir selbst.
Und ich rufe nach ihm, der die Wahrheit ist.

Stille

Du, Gott, bist Güte und Erbarmen.
Breite den Mantel der Vergebung über uns aus.
Wärme, was kalt und starr geworden ist
und rufe uns zu neuem Leben.

Vor Gott bringen

Um die Gabe der Barmherzigkeit bitten wir dich, Gott.
Um die Stärke der Behutsamkeit in unseren Worten.
Um die weise Zurückhaltung in unseren Urteilen.
Dann werden wir Zeuginnen und Zeugen deiner Wahrheit sein – so wie der heilige Stephanus Zeug-

nis ablegte für Christus, der mit dir im Heiligen Geist lebt. Amen.

Hören Apg 6,8–10; 7,54–60

Vertiefen Steinigen ist eine furchtbare Tortur. Es kann lange dauern, bis ein Mensch stirbt. Der Tod kann durch die Größe der Steine und durch die Art des Steinewerfens hinausgezögert werden. Stephanus musste auf diese brutale Weise sterben.

Auch heute wird in vielen Ländern die Todesstrafe durch Steinigung vollzogen, vor allem für Ehebruch und Gotteslästerung. Zum Glück kennen wir diese Art der Strafe hierzulande nicht. Zum Glück haben wir die Todesstrafe abgeschafft, denn Menschen haben nicht das Recht, über Leben und Tod anderer zu entscheiden.

Allerdings können wir auch auf andere Art Menschen steinigen: mit Worten, mit Urteilen, mit Nichtbeachtung. Gewiss, das alles ist nicht zu vergleichen mit wirklichen Steinwürfen. Und doch tut es Menschen nachhaltig weh. Die Seele blutet lange. Ich vermute, Sie alle erinnern sich an solche verbalen Steinwürfe, die Sie arg verletzt haben. Dagegen vergessen wir oft sehr schnell das eigene Steinewerfen.

Was mich an Stephanus beeindruckt, ist seine Haltung. Mich erstaunt die Klarheit seiner Rede. Ich entdecke nichts Gewalttätiges oder Besserwisserisches in seinen Worten, ich entdecke eine große Treue zu Gott und zu seinem Volk. Es geht ihm weniger um die Argumentation, es geht ihm um Jesus. Seine Beziehung zu ihm ist so stark, dass er davon nicht abweicht.

Und das andere, was mich fasziniert, ist die Art, wie er selbst noch im Sterben mit seinen Gegnern umgeht. Da ist kein Fluch, kein Wort des Hasses oder der Verwünschung. „Er aber betete und rief: Herr Jesus, nimm meinen Geist auf! Dann sank er in die Knie und schrie laut: Herr, rechne ihnen diese Sünde nicht an! Nach diesen Worten starb er". (Apg 7,59 f.) So schildert es die Apostelgeschichte. Kann ein Mensch in einer solchen Situation beten? Ich vermute, die Apostelgeschichte will uns an das Sterben Jesu erinnern. Lukas berichtet in seinem Evangelium: „Und Jesus rief mit lauter Stimme: Vater, in deine Hände lege ich meinen Geist. Mit diesen Worten hauchte er den Geist aus." (Lk 23,46) Auch im Sterben ist Stephanus noch im Gleichklang mit Jesus. Das beeindruckt mich.

Ich erinnere mich an die Sterbekultur, die ich als Kind in meiner oberschwäbischen Heimat erlebt habe. Die meisten Menschen starben zu Hause. Die Familie und die nächsten Angehörigen versammelten sich um das Bett des/der Sterbenden. Sie nahmen Abschied von ihm/ihr, der Priester kam und brachte die sogenannte Wegzehrung. Er spendete die Kommunion und die Krankensalbung. Der Tod verlor seinen Schrecken in der Erinnerung an Jesus: Mit Jesus leben bedeutet auch mit Jesus sterben. Die Sterbenden wurden getröstet: Du darfst dich gelassen in Gottes Hand legen. Jesus kommt, nimmt dich an der Hand und führt dich in die Ewigkeit.

Ich schaue nochmals auf die Steine hier am Boden. Sie stehen stellvertretend für die vielen Millionen Steine, die geworfen werden und töten. Sie stehen auch für die Sorgen der Menschen. Wenn wir ihre Anliegen vor Gott bringen, dann legen wir mit jeder Bitte einen Stein auf den Altar. Wir glauben daran, dass Jesus unsere Steine kennt und will, dass sie verwandelt werden.

Bitten

Gott kann aus den Steinen Brot machen, er kann die Dunkelheit der Welt in Licht verwandeln. Jesus kam auf diese Erde, um unsere Sehnsucht nach Frieden und Gerechtigkeit zu erfüllen. So dürfen wir unsere Lasten zu ihm bringen und uns mit unseren Bitten vertrauensvoll an ihn wenden.

*Zu jeder Bitte legt der/die Lektor*in einen Stein auf den Altar.*

- Millionen Menschen werden wie der heilige Stephanus wegen ihrer Überzeugung oder ihrer Werte verspottet oder gar mit schweren Strafen bedroht. Wir bitten um Toleranz und Fortschritte in den religiösen Dialogen.
- Viele Frauen und Männer erleben heute Ähnliches wie Maria und Josef: Alles, was bisher galt, zählt nicht mehr, ihre Lebenspläne ändern sich plötzlich, und nicht wenige werden aus der Bahn geworfen. Wir bitten für sie um Geduld und Kraft.
- Die christlichen Konfessionen und die Religionen sind immer noch auf Abstand, aber sie sind doch näher zusammengerückt und lernen, sich zu respektieren. Wir bitten um gegenseitige Wertschätzung und um gemeinsame Initiativen im Kampf gegen Gewalt und Terror.
- Im Chor der vordringlichen Probleme und der lauten Stimmen in der Welt werden die Kleinen und Stimmlosen, die Kinder, die Tiere und die stummen Geschöpfe leicht übersehen. Wir bitten um mehr Sorgfalt und Achtsamkeit.
- Auch in diesen Weihnachtstagen sind viele Menschen schwer krank. Andere sind einsam in Alten- und Pflegheimen und wünschen sich den Trost der Weihnacht. Wir bitten um Solidarität und Aufmerksamkeit für die stille Not der Menschen.

Auch das Plakat mit den letzten Worten des heiligen Stephanus und das Kreuz werden auf den Altar gelegt.

Der heilige Stephanus betete: Herr Jesus, nimm meinen Geist auf! Mit ihm bitten wir: Christus, nimm uns mit hinein in das Geheimnis deines Leidens und deiner Auferstehung. Amen.

Versöhnen

Christus, du kamst als hilfloses Kind,
ohnmächtig bist du uns Menschen ausgeliefert,
unserem Drang, uns durchzusetzen,
unserer Gier und unseren Leidenschaften.
Stifte Frieden und befreie uns aus Angst und Gewalt.
Mache unsere Herzen bereit
und unsere Sinne weit für die Kraft der Versöhnung.

Singen

nach Psalm 25
Nicht vor den Göttern der Macht
will ich beugen mein Knie.
Ich beuge mein Knie,
Gott, vor dir.
Ich glaube und bin mir gewiss:
Du, mein Bruder und Freund
bist bei mir.

Nicht vor den Reichen der Welt
will ich neigen mein Haupt.
Ich neige mein Haupt,
Gott, vor dir.
Ich glaube und bin mir gewiss:
meine Würde als Mensch
gibst du mir.

Nicht für Geschwätz und Gerücht
will ich öffnen mein Ohr.
Ich öffne mein Ohr,
Gott, für dich.
Ich glaube und bin mir gewiss:
Deine Worte sind wahr,
auch für mich.

Nicht an Erfolg und Gewinn
will ich hängen mein Herz.

Ich hänge mein Herz,
Gott, an dich.
Ich glaube und bin mir gewiss:
Du bist treu und du stehst
fest zu mir.

Helmut Schlegel | © Dehm Verlag

Segnen

Wie der Stern über dem Stall von Betlehem stehen blieb, so wird Gottes Licht über unserer Erde leuchten.
Wie Maria das Wort des Engels in ihrem Herzen bewegte, so wirkt Gottes Gnade still in unserem Inneren.
Wie Stephanus Gottes Wahrheit und Gerechtigkeit bezeugte, so dürfen wir Botinnen und Boten für Christus in unserem Alltag sein.

Dazu segne uns Gott, der Vater, der Sohn und der Heilige Geist.

WARUM HABT IHR MICH GESUCHT?

FEST DER HEILIGEN FAMILIE

Einstimmen Familie – ein schillerndes Wort: Einerseits Inbegriff von Heimat und Intimität, andererseits Erfahrungsraum bitterster Enttäuschungen; einerseits Herzstück jeder menschlichen Gesellschaft, andererseits Ort häuslicher Gewalt; einerseits Zufluchtsort für Kinder, wenn sie einen Fehler gemacht haben, andererseits Streitfeld der Generationen. All das ist Familie und noch viel mehr. In der Familie liegen unsere persönlichen Wurzeln, unsere prägenden Erinnerungen, schöne und schwierige.

Familie – wir sehnen uns nach ihr und wissen zugleich, wie schwer das Familienleben sein kann. Die Familie Jesu wird die „Heilige Familie" genannt. Dabei war auch sie nicht gerade „heile Welt". Eine geheimnisvolle Schwangerschaft der jungen Frau, die sie selbst und ihren Verlobten arg irritierte. Die Geburt des Kindes in einem Viehstall, die Flucht vor einem mörderischen Herrscher, leben in Armut, die sehr eigenwilligen Wege des Sohnes. Das alles wird uns berichtet.

Irgendwie ist das auch tröstlich. Es sagt mir, dass mit der Heiligen Familie alle Familien, auch die Patchworkfamilien, die in die Brüche gegangenen und die gleichgeschlechtlichen Lebensgemeinschaften auf ihre Weise heilig sind. Sie alle bedürfen der Heilung und haben teil an der heilenden Kraft des Heilands Jesus Christus.

Ich lade uns ein, in den nächsten Minuten in der Stille die eigene Familie und alle Erfahrungen damit vor Gott zu bringen.

Erkennen In meiner Familie entdecke ich manche Defizite. Und auch ich habe mich in ihr schuldig gemacht. Ich war gleichgültig und unnachsichtig.
Wenn ich um etwas bitten darf, dann ist es die Fähigkeit, den Partner, die Partnerin, die Kinder und die Eltern neu zu sehen.
Herr, erbarme dich unser.

Wenn ich an meine Familie denke, spüre ich manche Verletzung. Und ich weiß, dass auch ich verletzt habe.
Wenn ich um etwas bitten darf, dann ist es die Fähigkeit, Verletzungen zu vergeben und dankbar zu werden für das, was ich bekommen habe und was ich geben darf.
Christus, erbarme dich unser.

Meine herkömmlichen Bilder und Vorstellungen von Familie passen nur noch begrenzt in die heutige Zeit. Die Formen des Zusammenlebens haben sich gewandelt.
Wenn ich um etwas bitten darf, dann ist es die Fähigkeit, die Ansichten und Lebensweisen anderer nicht zu verurteilen, sondern Hilfsbereitschaft und Solidarität zu praktizieren.
Herr, erbarme dich unser.

Vor Gott bringen

Gott des Lebens,
der Plan deiner Schöpfung ist weise.
Du hast gewollt,
dass sich Menschen ergänzen und lieben
und dass in dieser Lebensgemeinschaft
Kinder wachsen können.
Auch Jesus hat diese Erfahrung gemacht,
darum kennt er unser Glück und unseren Schmerz
im Zusammenleben mit Eltern, Kindern und
Angehörigen.
Wir bringen unsere Familien und Lebens-
gemeinschaften vor dich

und erbitten uns Heilung und Kraft,
damit wir in Geduld und Zuverlässigkeit
miteinander leben können
und einander in der Liebe verbunden bleiben.

Hören Lk 2,41–52

Vertiefen Bruder Jesus,
so gerne würde ich wissen, wie es war in Nazaret. Wie du gelebt hast mit deinen Eltern in der kleinen Stadt am Rand der Welt. Ich würde gerne wissen, wie es war mit deinen Eltern, deinen Schwestern und Brüdern. Die Evangelien berichten, dass du Schwestern und Brüdern hattest: Jakobus, Josef, Simon und Judas. Leider werden deine Schwestern nicht mit Namen genannt.

Hast du dich mit deinen Geschwistern gut vertragen oder habt ihr auch gestritten? Du warst ja der Älteste, ich vermute, dass du immer wieder mal die Rolle des Vaters übernehmen musstest, wenn er unterwegs war und auf den Baustellen in der Region seiner Arbeit nachging.

Wie habt ihr den Sabbat gefeiert? Und wie die großen Feste: Pessach, Purim, den Versöhnungstag, das Laubhüttenfest? Gut, dass uns der Evangelist Lukas von einem dieser Feste berichtet. Du bist mit deinen Eltern zum Osterfest nach Jerusalem gezogen. Zu Fuß versteht sich, und das war ja eine lange Strecke, fast 150 Kilometer. Eine gute Woche wart ihr unterwegs. Dann die großen Festtage in Jerusalem. Du warst oft im Tempel, hast den Rabbinern gelauscht, wie sie das Gesetz und die Propheten ausgelegt haben. Vieles war dir ja bekannt von den Gottesdiensten in der Synagoge in Nazaret. Und dann hast du es gewagt, dich zu melden und deine Sicht der Heiligen Schriften kund zu tun. Sie haben dir gespannt zugehört und waren erstaunt über deine Kenntnisse und Deutungen.

Jeden Tag gingst du in den Tempel. Du hast gespürt: hier bin ich daheim, im Haus meines Vaters. Du hast dich entschieden, auch über das Fest hinaus zu bleiben.

Du wusstest wohl, dass die Eltern dich vermissen, dass sie zurückkommen, um dich zu suchen. Ich kann ihre Frage gut verstehen: Warum bist du geblieben? Ja, es war ja sogar ein Vorwurf: Warum hast du uns das angetan? Du hast eine kecke Gegenfrage gestellt: Warum habt ihr mich denn überhaupt gesucht? Ihr müsst doch wissen, dass ich hierhergehöre. Hier ist mein Vater. Für deine Eltern war das ein schwerer Schlag. Für sie war die Familie ihr Ein und Alles. Warum hast du dich dagegen aufgelehnt? Hast du nicht auch gespürt, dass die Bande des Blutes die stärksten sind? Was wir in der Familie lernen und leben, das bleibt uns doch ein Leben lang: unsere Werte, unser Glaube, unser soziales Verhalten. Das ist doch auch heute noch so, oder?

Du hattest offensichtlich eine neue Familie im Sinn: die Familie Gottes. Du hast es immer wieder betont: Da existieren keine Herkunftsgrenzen, keine Grenzen der Sippe und der Nation. Dir war es wichtig, eben diese Grenzen abzubauen. Wenn Gott der Vater aller Menschen ist, hast du gesagt, dann kann es keine Unterschiede mehr nach Ständen und Kulturen geben. Bereits damals mit zwölf Jahren wurde dir das klar. Und dein Entschluss, dem Reich Gottes die Bahn zu brechen, reifte von Jahr zu Jahr. In deinem Herzen nahm die neue Familie Gottes immer mehr Gestalt an.

Bitten

Wir haben die Freiheit, Gott und die Menschen nicht in das System unserer Standesordnungen und Denksysteme zu pressen. Auch unsere Familien dürfen sich befreien von solchen Denkmustern und Bindungen. Gott helfe uns dabei.

- Wir haben die Freiheit, einander immer näher und besser kennenzulernen, die eigenständigen Persönlichkeiten der anderen zu respektieren und zu fördern. Gerade die Familie ist hier ein gutes Praxisfeld. Gott helfe uns dabei.
- Wir haben die Freiheit, das Wachstum der Familie in eigener Verantwortung zu planen. Das Gebot der Selbst- und Nächstenliebe, das uns Jesus gegeben hat, ist dabei die wahre Richtschnur. Gott helfe uns dabei.
- Wir haben die Freiheit, einander trotz der Unterschiede in Herkunft, Kultur und Einstellung offen zu begegnen und andere Formen des Zusammenlebens zu respektieren. Gott helfe uns dabei.
- Wir haben die Freiheit, anderen Fragen zu stellen, wenn wir sie nicht verstehen, und sie mit in unser Gebet zu nehmen, wenn wir uns über ihr Verhalten verwundern oder uns sogar verletzt fühlen. Gott helfe uns dabei.

Segnen

Unser Vater bist du, Gott.
Wir möchten gerne deine schützende Hand im Rücken spüren.
Unsere Mutter bist du, Gott.
Wir möchten gerne, deinen Trost erfahren,
wenn wir traurig sind.
Unser Bruder bist du, Jesus.
Wir möchten dich gerne an unserer Seite wissen
auf unserem Lebensweg.
Unser Lebensatem bist du, Heiliger Geist.
Wir möchten gerne deine Kraft in uns spüren
und ihr trauen.
So segne uns und alle Menschen, lebenspendender Gott, der du für uns bist
der Vater und der Sohn und der Heilige Geist. Amen.

NIX BÖSES UND VIEL GUTES

SILVESTER ODER NEUJAHR

Einstimmen *ein Dialog*

I Was ich dir zum neuen Jahr wünsche? Nix Böses und viel Gutes.

II Naja, aber wie soll das gehen? Es gibt so viel böse Energie in der Welt.
Wie soll man sich davor schützen? Und vom Guten gibt es so wenig.
Wie soll das reichen für ein ganzes Jahr?

I Nichts leichter als das, sagt dir das Internet.
Mit ein paar Klicks bist du auf den richtigen Seiten.
Da findest du alles, was dich gegen die bösen Geister schützt.
Engelwurz, Johanniskraut, Baldrian, Knoblauch, Beifuß, Bann-Amulett, Schutzglyphe.

Noch ein paar Klicks
und schon hast du das Gewünschte im Warenkorb.
Du kannst aufatmen für ein ganzes Jahr.

Und natürlich findest du auch die guten Energien,
die dich stark machen und dir Glück bringen.
Trag ein Hufeisen um den Hals,
ein Astral-Pentagramm, ein Ahnentashi,
ein Tashistone Makani oder ein magisches Herz.
Sprühe dich ein mit Energiesprays,
und profitiere von der Voodoo-Geisterwurzel.

Nein? Hilft dir das nicht wirklich?
Du hast andere Vorschläge? Dann bitte!

II Ja, es gibt sie wirklich, die dämonischen Kräfte.
Sogar die Bibel spricht von bösen Geistern.
Und ja, sie können dir das ganze Jahr vermasseln.
Die sieben schlimmsten sind für mich:
Putzteufel, dicke Luft, schlechte Laune, Ungeduld, beleidigtes Schweigen, Gefühlskälte, Eifersucht.

Wenn sich einer dieser Dämonen
heimlich bei dir einschleichen will,
dann setz ihn gnadenlos vor die Tür.

Den guten Geistern aber mach die Türe auf
und heiße sie täglich willkommen.
Die sieben besten heißen: Gelassenheit, Humor, gute Gedanken, Herzenswärme, offenes Wort, freundliches Lächeln und stilles Gebet.

Nein, es gibt sie nicht zu kaufen, sie sind umsonst.

I und II Wir wünschen Ihnen, dass die guten Geister das ganze Jahr Ihre Gäste sind.

Erkennen Gott,
du bist für uns Vater und Mutter, unsere Zeit steht in deinen Händen. Auch jene Stunden, in denen wir unser selbstgemachtes Glück suchen und jene Taten, die uns von dir entfernen.
Erbarme dich, befreie uns.

Jesus, unser Bruder,
du bist Gottes Angesicht. Du blickst uns mit den Augen der Barmherzigkeit an, auch wenn wir von deinem Weg abkommen.
Erbarme dich, befreie uns.

Heiliger Geist,
du füllst unseren Geist mit guten Gedanken und unser Herz mit Absichten der Liebe.
Du bleibst in uns, auch wenn wir versagen.
Erbarme dich, befreie uns.

Was immer uns belastet, du, dreifaltig-einer Gott, nimmst es uns ab. Du trägst unsere Schuld auf deinen Schultern, damit wir freigesprochen und erhobenen Hauptes dir entgegengehen.

Vor Gott bringen

Gott, das Jahr, das vor uns liegt,
ist wie ein unbeschriebenes Blatt,
Du legst es uns vertrauensvoll in die Hand.
An uns ist es, darauf einen Brief zu schreiben,
einen Liebesbrief an die Menschen,
an die Geschöpfe,
an uns selbst und an dich.
Gib du uns genügend Fantasie und Kraft dazu.

Hören Lk 2,16–21

Vertiefen Als Kind habe ich gerne mit einem Magneten gespielt. In der Werkstatt meines Vaters gab es so ein Teil, ein sogenannter Hufeisenmagnet. Schon damals hat es mich fasziniert, was man damit machen kann, zum Beispiel Nägel auf dem Boden auflesen. Alle Metallteile werden vom Magneten wie von Zauberhand angezogen. Erst später begriff ich, dass dieser Magnet zwei Pole hat. Dazwischen ist ein unsichtbares Magnetfeld.
Das Bild vom Magnetfeld kam mir beim Lesen des heutigen Evangeliums. Zwei Pole, zwischen denen ein geheimnisvolles Kraftfeld entsteht. Der eine Pol ist der Engel. Der Bote, der im Namen Gottes spricht.

Der Engel hatte zu Maria gesagt: „Siehe, du wirst schwanger werden und einen Sohn wirst du gebären; dem sollst du den Namen Jesus geben.“ (Lk 1,31) Und später heißt es im Evangelium: „Man gab ihm den Namen Jesus, den der Engel genannt hatte, noch ehe das Kind im Schoß der Mutter empfangen wurde.“ (Lk 2,21) Allein schon dieser Name ist ein Kraftfeld. Jesus heißt übersetzt: „Gott rettet“.

Der andere Pol des Magnetfeldes im Evangelium ist Maria. Und was tut sie? Was sagt sie? Nichts. „Maria aber bewahrte alle diese Worte und erwog sie in ihrem Herzen." (Lk 2,19) Nichts tun. Nur da sein, still sein, zuhören, lauschen, im Herzen bewahren und erwägen. Ist das ein Kraftfeld? Offensichtlich ja.

Dieses Evangelium steht nicht ohne Grund heute am Anfang des Jahres. Ein hörender Mensch sein – das ist ein guter Vorsatz für das neue Jahr. Auf einem Plakat stand: Schalten Sie Ihr Gehirn ein, bevor Sie sprechen! Nicht schlecht. Noch besser wäre: Schalten Sie ihre Ohren ein, bevor Sie sprechen. Oder: Schalten Sie ihr Herz ein, bevor Sie sprechen! Ich wünsche uns gute Ohren für das neue Jahr. Eine gute Portion Aufmerksamkeit. Wenn wir besser zuhören, kann mancher Konflikt vermieden oder gelöst werden. Wenn wir unser Herz weit auftun für das, was uns die Menschen, für das, was uns Gott zu sagen hat, dann wird es ein gutes Jahr werden. Ich wünsche es uns allen.

Bereiten

Wir bringen dir das Brot unseres Alltags.
Darin sind die Körner, die gemahlen werden,
die Träume, die sterben müssen,
die Pläne, die durchkreuzt werden,
Aber das Brot das wir teilen,
es wird schmecken und für alle reichen.

Wir bringen dir den Kelch unserer Sehnsucht.
Darin sind die Trauben, die gekeltert werden,
die Fragen, die keine Antwort finden,
die Zweifel, die im Herzen nagen.
Aber der Kelch, den wir teilen,
er wird uns Lebendigkeit und Freude schenken.

Danken

Ein Jahr, das zu Ende geht – wir danken dafür.
Ein Jahr das beginnt – wir starten mit Gottvertrauen.
Du gibst uns Grund zum Danken und Vertrauen.
Dein Wort stärkt und ermutigt uns,
das Brot, das du uns brichst,

bindet uns enger an Jesus,
der mit uns gehen wird – auch im neuen Jahr.

Singen

nach Psalm 91

Dass deine Flügel über uns sich breiten,
und Schatten spenden in der Glut,
dass wir nicht irre geh'n in dunklen Zeiten:
Gott, gib uns Zuversicht und Mut.

Dass wir geschützt sind vor dem Pfeil der Lüge,
vor Falschheit, vor Betrug und Gier.
Und dass wir aufsteh'n gegen Hass und Kriege:
Die Kraft dazu erbitten wir.

Dass auf der Welt Vernunft und Rücksicht walten,
dass nie ein Mensch mit Menschen spielt,
dass wir die Erde pflegen und gestalten
als Garten Gottes, sei uns Ziel.

Dass deine Engel uns auf Händen tragen,
uns retten vor der Feindschaft Pest.
dass wir Versöhnungswege wagen
und Gottes Geist uns nie verlässt.

Dass wir dir, der uns schuf, vertrauen,
dass uns niemals die Angst verzehrt,
dass wir dich, Ewiger, einst schauen
in deinem Reich, sei uns gewährt.

Helmut Schlegel | *© Dehm Verlag*

Segnen

Gesegnet seien
das vergangene und das kommende Jahr.
Gesegnet sei die Natur:
die Erde und was auf ihr wächst,
die Tiere im Wasser, auf dem Land und in der Luft,
die Bäume, Kräuter und Blumen,
Gesegnet seien die Städte und die Dörfer,
die Häuser und die Wohnungen,
Gesegnet seien die Menschen
zu Hause und unterwegs,

bei der Arbeit und in der freien Zeit.
Gesegnet seien die Mütter und die Väter,
die Kinder und die Großeltern.
Gesegnet seien die Gesunden,
die Kranken und die Sterbenden.
Gesegnet seien alle Bemühungen um Frieden,
Versöhnung und Gerechtigkeit.
Gesegnet seien wir alle im Namen Gottes,
des Vaters und des Sohnes und des Heiligen Geistes.
Amen.

BRICH AUF, MEIN HERZ, UND WANDRE!

FEST DER ERSCHEINUNG DES HERRN

Vorbereiten

- Schalen mit Kohlen und Weihrauch

Einstimmen

„Brich auf, mein Herz und wandre! Es leuchtet der Stern. Viel kannst du nicht mitnehmen auf den Weg. Und viel geht dir unterwegs verloren. Lass es fahren. Gold der Liebe, Weihrauch der Sehnsucht, Myrrhe der Schmerzen hast du ja bei dir. Er wird sie annehmen." (Karl Rahner)

Was Karl Rahner da geschrieben hat in wenigen Sätzen, sagt alles. Darum geht es heute. Das Evangelium spricht immer wieder vom Aufbruch: Aufbruch aus dem Himmel – das ist die Geschichte Gottes. Aufbruch von den Zelten und vom Feuer, das ist die Geschichte der Hirten. Aufbruch aus einem fernen, fremden Land – das ist die Geschichte der Sterndeuter, die heute im Evangelium erzählt wird. Und dahin gehört auch meine und Ihre Aufbruch-Geschichte. Nein, wir müssen nicht Haus und Stadt verlassen. Der Aufbruch findet innen statt. Aufbruch des Herzens: hinhören, wach sein, Schritte tun.

Erkennen

Ich suche einen Stern, einen Stern für meine Schattenseiten. Einen Stern wie den von Betlehem, der mich zu einem Ziel führt.
Erbarme dich unser, o Gott.

Ich brauche einen Stern für die Wege meines Lebens. Wenn es dunkel wird, und auch am Morgen und wenn ich nicht mehr weiterweiß.
Erbarme dich unser, o Gott.

Ich sehe einen Stern, er leuchtet sonnenklar für mich. Manchmal greifbar nah und dann so fern. Wann wirst du endlich ganz bei mir sein?
Erbarme dich unser, o Gott.

Der barmherzige Gott zeige uns den Stern der Versöhnung, dass sich unsere Schuld und Kleinmut verwandle in Freiheit und Liebe. Er spreche uns frei, dass wir aufatmen in der Gewissheit seiner Gnade.

Vor Gott bringen

Wir brauchen Augen, um deinen Stern zu sehen,
wir brauchen Ohren, um deine Stimme zu hören.
Wir brauchen ein Herz, um deine Gegenwart zu erspüren.
Gott, lass uns entdecken, dass du uns all das gegeben hast,
um mit den Sterndeutern das Kind zu finden,
das uns den Weg weist: Jesus, das Licht aller Völker.

Hören Mt 2,1–12

Vertiefen In der Literatur wird das Leben der Menschen oft als eine Reise beschrieben. Ja, das Leben ist eine Reise. Eine Reise, das ist zuerst Aufbruch. Zurücklassen. Häuser, Städte, Gewohnheiten, Menschen.
Eine Reise, das ist ein Weg. Oft ist er unbekannt und jeder Kilometer, jeder Schritt ist ein Wagnis. Eine Reise, das ist auch ein Ziel. Endlich ankommen, sich ausruhen dürfen, neugierig sein. Eindrücke sammeln.

Die Evangelien vergleichen die Beziehung zwischen Gott und Mensch oft mit einer Reise. So erzählt der Evangelist Matthäus von der Reise der Magier, die den neugeborenen König suchen.

Ein Stern dient als Navi. Das ist verrückt. Wie soll ein einzelner Stern unter Milliarden Gestirnen, die sich in unserem Universum bewegen, den Weg weisen? Aber dieses kleine Zeichen zählt. Meine Reise zu Gott – was habe ich denn in der Hand? Nicht viel. Da ist nicht mehr als ein einzelner Stern am Himmel, eine Stille Sehnsucht in der Seele.

Wenn ich dem Stern folge, gehe ich einen weiten Weg. Die Magier in der Erzählung des Matthäus werden durch fremdes Land geführt. Durch Wüsten. Da sind keine festen Straßen. Und oft kommen Zweifel.

Auf der Reise zu Gott tauchen Hindernisse auf, mit denen ich nie gerechnet habe. Fragen, die plötzlich da sind. Schicksalsschläge, die meinen Glauben umzuwerfen drohen. Gewiss, es gibt die Gottesgelehrten, die mir sagen, wo Gott zu finden ist. Es gibt die heiligen Bücher, in denen Wichtiges über Gott steht. Aber es gibt auch die „Herodesse“, die mich auf die falsche Fährte setzen. Müdigkeit kann sich breit machen. Und doch ist da der Stern. Er ist nicht am Himmel oben. Er ist ganz tief in mir. Es ist meine unzerstörbare Sehnsucht nach Gott.

Werde ich am Ziel meiner Reise ankommen? Was werde ich finden? Eine Überraschung? Etwas ganz Neues? Ein Kind? Werde ich mich freuen? Wird es so sein, wie ich erwartet habe? Oder doch ganz anders? Und was werde ich mitbringen? Welche Schätze?

Ich weiß nur – das hat der erwachsene Jesus immer wieder betont: Gott will keine Sachen. Auch keine Dienstleistungen. Keinen Beweis. Der erwachsene Jesus sagt: Du selbst bist es, auf den ich mich freue. Dein lebendiges Herz ist mehr als Gold, Weihrauch und Myrrhe.

Karl Rahner, der große Theologe des 20. Jahrhunderts, hat die Botschaft des heutigen Festes in einem Satz ausgedrückt. Ich möchte diesen Satz noch einmal wiederholen: „Brich auf, mein Herz und wandre! Es leuchtet der Stern. Viel kannst du nicht mitnehmen auf den Weg. Und viel geht dir unterwegs verloren. Lass es fahren. Gold der Liebe, Weihrauch der Sehnsucht, Myrrhe der Schmerzen hast du ja bei dir. Er wird sie annehmen."

Bitten Hier in der Mitte haben wir eine Schale mit Kohlen und daneben eine Schale mit Weihrauchkörnern aufgestellt. Während wir Musik hören, können Sie nach vorne treten und ein Weihrauchkorn auf die Schale legen. Sie können damit ein stilles Gebet oder eine Fürbitte verbinden. In den Psalmen steht, dass mit dem Weihrauch auch der Duft der Gebete Gott in die Nase steigt. Das ist eine sehr menschliche Vorstellung, aber trotzdem ein schönes Bild. Wir sind gewiss, dass Gott sich uns zuneigt, wenn wir beten.

Meditative Musik

Bereiten Gold, Weihrauch und Myrrhe können wir dir nicht bringen, Gott. Aber in unserem Herzen leben Glaube, Hoffnung und Liebe.
Schenke uns den Glanz der Liebe, den Reichtum des Vertrauens und den Duft deiner Nähe.
Du schenkst dich uns selbst in den Gaben deines Reiches, Brot und Wein.
Maranatha: Komm, unser Herr.

Danken Gott, du machst uns reich an Glaube, Hoffnung und Liebe.So gehen wir dankbar in unseren Alltag zurück. Dort werden wir vielen Menschen begegnen, Menschen mit Zuversicht, Menschen mit Ängsten.
Dein Stern wird uns leuchten, so können auch wir Licht und Freude verbreiten.

Singen *nach Psalm 67*

Refrain:
Gott, segne uns, sei du in unsrer Mitte,
ob wir nun stehen oder gehen oder ruhn.
Begleite uns auf jedem unsrer Schritte,
sei du das Ziel bei allem, was wir tun.

Strophen:
Zeig dein Gesicht, lass deine Augen leuchten,
und sei zu Gast in jedem Menschenhaus.
Und breite über alle deine Kinder,
auf dieser Erde deine Güte aus.

Zeig dein Gesicht, lass deine Augen leuchten,
auch wenn es Stückwerk bleibt, was wir verstehn,
lass uns das Feuer deiner Liebe ahnen,
und einen Schimmer deiner Schönheit sehn.

Zeig dein Gesicht, lass deine Augen leuchten,
wir, deine Menschen, wissen uns geliebt
von dir, der uns den Atem und das Leben
und allen Reichtum dieser Erde gibt.

Zeig dein Gesicht, lass deine Augen leuchten,
lass Land und Wasser, Berge und Gestein,
lass Pflanzen, Tiere, die Geschöpfe alle
in deiner guten Hand geborgen sein.

Zeig dein Gesicht, lass deine Augen leuchten,
sei du die Sonne, wenn der Tag anbricht,
bleib auch bei uns am Mittag und am Abend,
und wenn es dunkelt, sei du unser Licht.

Helmut Schlegel | © Dehm Verlag

Das Lied kann auch nach „Von guten Mächten …“ (Liederbücher) oder nach „Der Herr wird dich mit seiner Güte segnen“ (GL Nr. 452) gesungen werden.

Segnen

Gott hat die Sterne geschaffen
und keiner fällt aus seiner Hand.
Gott hat das Leben gewollt
und nichts kann es besiegen.
Gott hat Acht auf jeden Menschen
und keiner geht verloren.
Gott schenke uns Aufmerksamkeit
für die Sternstunden des Alltags
und mache uns zum Segen für die Welt.

STERNZEICHEN UND SEGENSSTERN

FEST DER ERSCHEINUNG DES HERRN

Vorbereiten

- Der Raum ist im Halbdunkel. Die Stühle stehen im Halbkreis. Das Bild „Sternennacht“ von Vincent van Gogh ist schon vor Beginn des Gottesdienstes an die Wand projiziert (Das Bild ist leicht zugänglich im Internet). In der Mitte des Raumes steht eine große Laterne.
- Musik aus dem Oratorium „Der Messias“ von G. F. Händel und ein Abspielgerät sind vorbereitet.

Lied Don McLean – Vincent (Starry, Starry Night)
zur Gitarre oder Harfe

Einstimmen Wir begrüßen Sie zu diesem Gottesdienst am Fest der Erscheinung des Herrn. In der Ostkirche wird heute das Weihnachtsfest gefeiert, hier im Westen stehen die Sterndeuter, die aus dem Orient kommen, im Blickfeld. Darum wurde das Fest oft Dreikönigstag genannt. Aber weder drei Könige noch die Sterndeuter aus dem Orient stehen im Vordergrund, sondern Jesus. Dabei schauen wir heute weniger auf das Kind in der Krippe als vielmehr auf den Kyrios Christus. Kyrios war in der Antike die Anrede für eine Lichtgestalt. Die Cäsaren und Könige ließen sich so nennen. Und wenn einer von ihnen von einer gewonnenen Schlacht zurückkehrte, dann standen die Volksmassen am Straßenrand und riefen: Chaire, kyrie: Sei gegrüßt, Herr.
Christus ist keiner von diesen Herrschern. Seine Autorität besteht im Dienen. Und gerade darum ist er die Lichtgestalt für uns. Und so begrüßen wir unseren Stern mit einem Kyriegesang:

Ehren Wir sehnen uns nach dem Stern auf den vielen unbeleuchteten Straßen unseres Lebens. Dann finden wir den Weg, auch wenn es dunkel wird.
Kyrie eleison.

Wir suchen den Stern, der auch unsere Schattenseiten ausleuchtet, den Stern, der uns nicht bloßstellt, sondern in warmes Licht hüllt.
Christe eleison.

Wir sehen den Stern, der uns durch Einsamkeit und Wüstennächte führt. Es ist der Stern, der leuchtet über dem Stall von Betlehem.
Kyrie eleison.

Beten Treuer Gott,
schenke uns Augen, deinen Stern zu sehen, und Ohren, deine Stimme zu hören. Dann lass uns mit den Sterndeutern die Zeichen suchen, die uns den Weg weisen, und das Kind finden, das du uns geschenkt hast: Jesus, das Licht aller Völker.

Hören Jes 60,1–6

Musik Das Volk, das da wandelt (Arie aus dem „Messias“)

Hören Mt 2,1–12

Musik Erwach, frohlocke, o Tochter von Zion (Arie aus dem „Messias“)

Vertiefen Unsere Milchstraße zählt einige hundert Milliarden Sterne. Nehmen wir einmal an, das ist die Durchschnittszahl einer Galaxie und folgen wir der Annahme der heutigen Forschung, dass es in dem für uns sichtbaren Universum etwa 100 bis 200 Milliarden Galaxien gibt, dann gibt das für das ganze für uns sichtbare Universum eine Zahl von etwa 100 mal 100 Milliarden, also 10 Trilliarden Sternen. Dafür schreiben wir eine 1 mit 22 Nullen.

Wenn alle Menschen, die jemals auf der Erde gelebt haben, gleich viele Sterne zu verwalten hätten, dann bekäme jede*r von uns die unglaubliche Zahl von 90 bis 100 Milliarden Sterne. Das heißt: jede*r würde eine ganze Galaxie verwalten. Wir rechnen dabei nur unser sichtbares Universum, nicht wissend, ob es andere Universen gibt. Wie staunenswert unsere Welt ist!

Und da machen wir uns Gedanken um einen einzigen Stern? Ja, denn dieser Stern, von dem heute die Rede ist, ist kein Stern aus Gas und Feuer, sondern ein Mensch aus Fleisch und Blut. Für diesen Stern wagen die Sterndeuter, von denen das Evangelium erzählt, ihre Heimat, ihre Gewohnheiten, ihre Logik zu verlassen. Was sie dann finden, ist zum einen ein eifersüchtiger, despotischer König. Und zum anderen das Kind eines gestrandeten Elternpaares. Die Geschichte ist entweder ein verrücktes Märchen oder die wahre Geschichte vom Stern aller Sterne in der Menschheitsgeschichte. Nehmt euch die klugen Sterndeuter als Vorbilder, sagt der Evangelist. Weil sie diesen Stern gefunden haben und das Kind nicht verraten wollen, ändern sie sogar bei der Rückreise die Route und ziehen „auf einem anderen Weg heim in ihr Land“. So schreibt Matthäus. Die drei Fremden gehen den Weg der Treue und Solidarität. Den Weg dieses Kindes. Für den Evangelisten beginnt hier bereits die Ostergeschichte. Ostern, Auferstehung ist da, wo Menschen aufrichtig bleiben, wo sie aufstehen und nicht umfallen.

Lichtzeichen geben

Wir sind keine großen Leuchten und wir sind erst recht keine riesigen Sterne. Eher fühlen wir uns als kleine Lichter. Und doch: Auch das Licht einer Kerze kann scheinen, erhellen, wärmen.
Die sieben Kerzen auf einer Menora werden von verschiedenen Personen angezündet. Dazu werden die folgenden Texte gesprochen.

I Diese Kerze heißt: Ich kann aufmerksam sein.
Wenn ich gut hinsehe, kann ich beobachten, wo Not an der Frau oder am Mann ist. Ich kann mich für Menschen interessieren, die anders sind, und feinfühlig auf ihre Lebensart achten.

II Diese Kerze heißt: Ich kann teilen.
Ich finde es ungerecht, dass Reichtum und Chancen so ungleich verteilt sind, weltweit und auch bei uns. Darum ist es konsequent, was mir gegeben ist zu teilen.

III Diese Kerze heißt: Ich kann solidarisch sein.
Es gibt so viele, die meine Hilfe und Solidarität brauchen. Dabei will ich nicht vergessen, dass es auch darum geht, Strukturen zu verändern.

IV Diese Kerze heißt: Ich kann die Schöpfung lieben.
Ich kann mehr auf meinen ökologischen Fußabdruck achten und nach Ideen suchen, wie er zu verkleinern wäre – etwa mit weniger Fleisch, mehr öffentlichen Verkehrsmitteln, näheren Urlaubszielen.

V Diese Kerze heißt: Ich kann mutiger sein.
Es wäre gut, öfters den Mund aufzumachen, wenn gehetzt und beleidigt wird. Es wäre gut, zu meiner Meinung zu stehen – zu dem, was ich glaube und hoffe, privat und in der Öffentlichkeit.

VI Diese Kerze heißt: Ich kann mich ändern.
Mir ist bewusst, dass auch ich in eingefahrenen Gleisen denke und handle. Es tut gut, meine Ansichten und Urteile zu hinterfragen. Auch in meinem Alter kann ich umdenken und mich auf Neues einlassen.

VII Diese Kerze heißt: Ich kann selbst denken.
Ich will mir nicht nur Vorschläge machen lassen, sondern fantasievoll und erfinderisch sein. Ich will daran glauben, dass ich selbst ein Licht bin.

Musik Wie lieblich ist der Boten Schritt (Arie aus dem „Messias“)

Vaterunser

Segnen Gott, es ist schier undenkbar:
eine winzige, Lichtjahre entfernte,
durchs Universum rotierende Gaskugel
als Sternzeichen, als Segensstern,
der uns die Wunder deiner Schöpfung
in Erinnerung ruft.

Gott, es ist schier unglaublich:
Ein winziges, neugeborenes
und ohnmächtiges Kind
als dein Sternzeichen, als dein Segensstern,
der uns leuchtet und den Weg weist
zum wahren Licht.

Und doch: Wir glauben an ihn,
unser Sternzeichen, unseren Segensstern,
Jesus Christus.
Amen.

EINGETAUCHT IN DAS LEBEN

FEST DER TAUFE JESU

Vorbereiten

- Am Ende des Gottesdienstes erhalten die Teilnehmer*innen ein Bild der koptischen Ikone „Christus und Abbas Menas“ mit dem folgenden Text:

  Christus,
  seit meiner Taufe
  wohnst du in meinem Herzen.
  Du bist meine Mitte und mein Wesen.
  Du gehst an meiner Seite
  und legst deine Hand auf mich.
  Mit dir werde ich Angst und Tod durchschreiten
  in das Leben der Kinder Gottes.

  (Das Bild ist im Internet leicht zu finden, z. B. unter https://de.wikipedia.org/wiki/Christus_und_Abbas_Menas)

Einstimmen

Warum feiern wir dieses Fest heute – die Taufe Jesu? Warum wurde Jesus getauft? War er nicht schon immer ganz und gar in der Geborgenheit Gottes, im Gefühl und Bewusstsein, dass alles in seinem Leben auf Gott hinzielt? So war es. Und doch wurde Jesus ganz Mensch, ganz einer von uns. Darum ließ er sich auch taufen.

Erinnern wir uns daran, dass auch wir getauft sind, unverbrüchlich verbunden mit dem lebendigen Gott. Eingetaucht in das Leben, Sterben und Auferstehen Jesu Christi. Durchtränkt von der Kraft des Heiligen Geistes. Aufgefangen vom großen und starken Netz des Volkes Gottes.

So beginnen wir im Bewusstsein, dass Gott gegenwärtig ist und nehmen uns selbst, diesen Tag und unsere Welt hinein in das Zeichen unseres Lebens. Bezeichnen wir uns mit dem Kreuz: Im Namen des Vaters und des Sohnes und des Heiligen Geistes. Amen.

Vor Gott bringen

Dreifaltiger Gott,
in deinem Namen wurden wir getauft,
du hast uns gereinigt im erfrischenden Bad der Gnade
und getränkt mit dem Wasser des Lebens.
Du hast uns Würde und Namen gegeben
und verbunden mit Jesus Christus, dem treuen Zeugen,
der für uns einsteht
und unsere Schritte begleitet,
bis wir ankommen bei dir.

Hören Mt 3,13–17

Vertiefen Wir sprechen viele Worte. Jeden Tag – vom „Guten Morgen“ bis zum „Gute Nacht. Schlaf gut“. Dazwischen immer wieder Worte. Informationen, Gebrauchsanweisungen, Nachrichten. Zornige Worte, liebevolle Worte. Es ist einfach großartig, dass wir Menschen sprechen können. Irgendwann in der Geschichte haben wir es gelernt. Und irgendwann in unserer persönlichen Geschichte als Kinder haben wir Laute gehört und sie dann nachgeplappert. Eine der größten Leistungen unseres Gehirns ist dies: sprechen können.

Ungefähr 7000 Sprachen gibt es auf der Erde. Nur einer versteht sie alle. Gebetet wird wohl in allen Sprachen. Und wir gehen davon aus, dass Gott alle Gebete versteht. Sogar die gestammelten Gebete der Sterbenden, die nicht mehr sprechen können.
Aber auch Gott hat seine Sprache, die wir alle verstehen können. Die Schöpfung ist seine Sprache. Und vor allem die Liebe. Bei seiner eigenen Taufe hört

Jesus das erste Mal Gott sprechen. Und was er hört, ist im Grunde uns allen gesagt: „Dieser ist mein geliebter Sohn, an dem ich Wohlgefallen gefunden habe.“ (Mt 3,17)

Manchmal genügen Worte nicht. Worte können sogar stören oder zerstören. Eine ganz enge Freundschaft wird durch viele Worte nur zerredet. Manchmal habe ich den Eindruck, in unserer Liturgie, in unseren Gottesdiensten reden wir auch zu viel. Viele Worte, die wir gar nicht alle in uns aufnehmen können. Wie gut, wenn wir auch schweigen.

Wenn ich in der Bibel lese, fällt mir auf: Jesus redet meist gar nicht viel, wenn er Menschen begegnet. Manchmal sagt er gar nichts. Häufig berührt er einen Menschen nur ganz sachte – seine Ohren, seinen Mund. Er legt seine Hand einer gekrümmten Frau auf den Rücken. Er nimmt ein Kind auf seine Arme. Viele Menschen sind durch diese Berührung heil geworden. Wie gut das tut, eine sanfte, unaufdringliche Berührung, wie heilsam das ist.

Jesus ist getauft worden. Das war für ihn ein ganz wichtiges Zeichen. Er hat erfahren: Ich bin von Gott geliebt. Die Taufe ist ein göttliches Wasserzeichen. Was ein Wasserzeichen ist, wissen wir von unseren Geldscheinen. Wenn ich einen Geldschein gegen das Licht halte, dann sehe ich das Wasserzeichen. Es zeigt mir, der Schein ist echt. Das Wasserzeichen der Taufe sieht man uns äußerlich nicht an; erst, wenn wir zeigen, dass unser Christsein echt ist, wird es sichtbar, zum Beispiel in der Art und Weise, wie wir miteinander umgehen. Oder wie wir mit den Geschöpfen umgehen. Das ist das innere Zeichen, dass wir von Gott geprägt sind, dass wir auf Jesus getauft sind. Und dass wir wie Jesus bei seiner Taufe erfahren dürfen: Du bist geliebt. An dir hat Gott Gefallen.

Erinnern *Zur Tauferinnerung bilden alle einen Kreis um den Taufbrunnen.*

Wir wurden wohl alle einmal getauft, mache vielleicht sogar an diesem Taufbrunnen. Taufe ist ein Geschenk Gottes an uns. Es ist wie eine Quelle, aus der wir trinken dürfen. Oder wie ein warmer Sommerregen, der sich über das ausgetrocknete Land ergießt. Oder wie ein Brunnen, der in die Tiefe reicht. Heute am Fest der Taufe Jesu erinnern wir uns an unsere Taufe. Christus hat sich mit uns verbündet – unverbrüchlich. Das Leben mit ihm ist wie ein Fluss, der weiterfließt, bis er in Gott mündet.

Auferstandener Christus,
mein Herz ist bewegt von Freuden und Sorgen,
aber tief in der Mitte wohnst du.
Dein Geist belebt mich.
Wie ein Samenkorn lebt die Kraft und Gnade in mir.
So erneuere ich heute meine Zusage:
Ich will auf dein Wort hören.
Ich will in deinem Geist handeln.
Ich will leben aus dem Vertrauen auf dich.

Bereiten Diese Zeichen – das Brot und der Wein – sagen mir:
Ich bin Gottes geliebte Tochter, Gottes geliebter Sohn.
ER hat Gefallen an mir und lädt mich an seinen Tisch.
So schenke uns, Gott, lebendig und wirklich,
Jesu Leben und Liebe, Jesu Leib und Blut.

Versöhnen Wo der Himmel sich öffnet, werden wir Kinder Gottes.
Wo der Himmel sich öffnet, ist ein neuer Anfang.
Wo der Himmel sich öffnet, versöhnen sich Menschen.
Wo der Himmel sich öffnet, wachsen uns Flügel.
Wo der Himmel sich öffnet, wird die Erde von Gottes Geistkraft erfüllt.
Dein Friede, Christus, erfülle unser Herz.
Dein Friede bringe unsere Herzen zum Klingen.
Der Friede Christi sei mit euch allen.

Danken

Gott des Lebens,
aus dir leben wir
und zu dir kehren wir wieder zurück.
Du schenkst uns in dieser Feier neues Leben.
Erfülle unser Leben mit Zuversicht
und lass uns erkennen,
dass wir mit dir durch die Taufe verbunden,
von dir getragen und in dir geborgen sind
all unsere Tage und bis in deine Ewigkeit.

Zur Erinnerung an diesen Gottesdienst möchten wir Ihnen ein Bild mitgeben, das Christus mit dem Abt Menas zeigt. Christus legt ihm die Hand auf die Schulter, ein Zeichen seiner Freundschaft. Gemeinsam schauen sie in die Zukunft. Der Segen, den wir jetzt von Gott erbitten, möge Sie in den kommenden Tagen begleiten und Ihnen die Gewissheit geben, dass Christus mit Ihnen geht.

Segnen

Gott des Lebens,
segne unsere Erde, alles Wachsen und Gedeihen,
alle Menschen, Tiere und Pflanzen,
dass in der ganzen Schöpfung dein Lebensatem
spürbar werde.

Bruder Jesus Christus,
segne unsere Lebensgemeinschaften,
unsere Familien und Freunde,
unsere Stadt (unser Dorf) und unser Land,
dass wir in Gerechtigkeit und Frieden leben können.

Gott, Heiliger Geist,
segne das Volk Gottes.
Wirke in uns, dass deine Kirche über die
Konfessionen hinweg
allen Menschen Räume des Glaubens öffnet.

So segne uns und unsere Welt der barmherzige Gott,
der Vater und der Sohn und der Heilige Geist. Amen.

LICHT, DAS DIE VÖLKER ERLEUCHTET

FEST DER DARSTELLUNG DES HERRN

Vorbereiten
Für alle sichtbar auf der Altarinsel oder in der Mitte des Raumes:
- ein farbiges Tuch, darauf das Kind aus der Krippe,
- Menora,
- Evangeliar,
- ausreichend viele kleine Kerzen für die Gemeinde.
- Für alle ein Bild mit dem Holzschnitt „Simeon und Hanna mit Kind“ von Walter Habdank. (Erhältlich über die Galerie Habdank, www. galerie-habdank.com)

Einstimmen Das Fest der Darstellung des Herrn verbindet in besonderer Weise den ersten mit dem zweiten Bund, das Judentum mit dem Christentum. Das Lukasevangelium beschreibt uns, wie Maria und Josef, dem jüdischen Gesetz folgend, das Kind in den Tempel bringen, um es Gott zu weihen. Dort werden sie von Simeon und Hanna begrüßt. Eine großartige Begegnung: Das Kind wird von den beiden geherzt und gesegnet. Die prophetischen Alten sehen in die Zukunft und Simeon spricht aus, was dieses Kind für ihn bedeutet: „Ein Licht, das die Nationen erleuchtet, und der Ruhm deines Volkes Israel.“

Dieses Licht feiern wir heute und erinnern uns an unsere Wurzeln im jüdischen Glauben. In dieser Erinnerung fühlen wir uns allen Menschen des jüdischen Volkes verbunden. An diese tiefe Verbundenheit zwischen Juden und Christen mag uns die Menora in der Mitte erinnern. Die sieben Lichter, die wir zu Beginn entzünden werden, sind Zeichen der sieben Schöpfungstage.

Feiern Gepriesen bist du, Herr unser Gott, König des Himmels und der Erde. Du hast uns geheilt und geheiligt. In Dankbarkeit und Freude entzünden wir das festliche Licht. Mach unser Haus, o Gott, zu einem heiligen Raum durch das Licht deines Angesichts, das uns so freundlich scheint und uns den Frieden bringt.

Die Kerzen der Menora werden angezündet (von außen nach innen)
Dazu spricht eine Frau

bei der ersten und zweiten Kerze:
Entzünde in uns die Lichter der Wahrhaftigkeit und der Treue.

bei der dritten und vierten Kerze:
Entzünde in uns die Lichter der Geduld und des Mitgefühls.

bei der fünften und sechsten Kerze:
Entzünde in uns die Lichter des Glaubens und der Hoffnung.

bei der siebten Kerze:
Entzünde in uns das Licht der Liebe.

Vor Gott bringen

Gott, du bist für uns ein Geheimnis –
unbegreiflich und unsagbar.
Und doch strahlt deine Leuchtkraft in unserem Leben auf.
In deiner Gegenwart atmen wir und sind frei.
Jesus sagt uns: Ihr seid das Licht der Welt.
So gib uns die Kraft und Ausdauer,
dass wir das Licht in uns schützen
und weitertragen in die Welt. Amen.

Vor dem Evangelium werden an alle Kerzen oder kleine Lichter ausgeteilt.

Hören Lk 2,22–32 *(gelesen von einem Mann)*
Lk 2,36–40 *(gelesen von einer Frau)*

Vertiefen Sie finden auf dem Bild einen Holzschnitt von Walter Habdank – Simeon und Hanna mit Kind. Lassen wir uns etwas Zeit und hören dazu Musik. Danach können Sie aussprechen, was Sie bei diesem Bild denken und empfinden.

Zeit zum Austausch

Hinweise zum Bild

Farben:
Blau und Orange. Das ist wie Feuer und Wasser. Oder wie Bleiben und Aufbrechen. Blau ist die Farbe der Treue, rot die Farbe einer starken Energie. Die beiden Alten symbolisieren für mich eine große Treue. Sie warten und bleiben. Ein Leben lang. Aber sie sind auch offen für das Neue, für das Feuer der Verwandlung. Für das Licht und die Wärme, die von diesem Kind ausgehen.

Hände:
Fünf Hände sind sichtbar, die Hände der beiden Alten tragen, schützen und streicheln das Kind. Die unsichtbare Hand der Hanna hat sie dem Kind auf den Rücken gelegt.

Füße:
Die Füße der beiden Alten zeigen nach rechts, die Füße des Kindes nach links. Sind es zwei verschiedene Richtungen? Der Verweis auf das Alte und das Neue?

Tempel:
Die Gruppe hat den Tempel verlassen. Schon gilt, was Jesus einmal zur Samariterin am Jakobsbrunnen sagen wird: „Glaube mir, Frau, die Stunde kommt, zu der ihr weder auf diesem Berg noch in Jerusalem den Vater anbeten werdet. (…) Die Stunde kommt und sie ist schon da, zu der die wahren Beter den Vater

anbeten werden im Geist und in der Wahrheit. (Joh 4,21–23)

Bitten Ich lade Sie ein, Fürbitte zu halten, indem wir einfach ein paar Namen aussprechen von Menschen, die uns am Herzen liegen, oder Situationen nennen, die wir ins Gebet nehmen.

Abschluss mit dem gemeinsamen

Vaterunser

Die kleinen Kerzen werden aus der Mitte an die am Gottesdienst Teilnehmenden ausgeteilt und angezündet.
Zum Segensgebet wird die Einladung ausgesprochen, die Kerze in der linken Hand zu halten (die Linke geht zum Herzen) und die rechte Hand auf die Schulter der Nachbarin / des Nachbarn zu legen (die Rechte ist die Hand des Grußes).

Singen *nach Psalm 112*
In deinen Augen liegt ein Leuchten:
Dein gütiger Blick
schenkt Atem und Glück,
verkündet: Gott lebt unter uns.

Aus deinen Händen strömt ein Segen:
Dein aufrechter Mut
tut allen so gut;
verkündet: Gott lebt unter uns.

Aus deinen Lippen spricht die Wahrheit:
Dein ehrliches Wort
am richtigen Ort,
verkündet: Gott lebt unter uns.

In deinem Herzen tanzt die Freude:
Dein frohes Gesicht
schenkt Hoffnung und Licht,
verkündet: Gott lebt unter uns.

Auf deinem Tisch mehrt sich das Leben:
Dein duftendes Brot,
geteilt in der Not,
verkündet: Gott lebt unter uns.

Und auf der Erde blüht der Himmel:
Wer gut ist und liebt,
sich wagt und sich gibt,
verkündet: Gott lebt unter uns.

Helmut Schlegel |

Segnen

Christus, du leuchtest auch heute in der Welt,
Entflamme uns mit dem Feuer der Güte und Wahrheit.
Segne diese kleinen Lichter, die wir in Händen halten.
Segne alles, was klein beginnt und wachsen will:
Die Kinder dieser Erde, die das Leben vor sich haben,
das Leben der Geschöpfe und die Schritte der Liebe.
Der Lichtsegen Christi sei mit uns und mit allen.

QUELLENNACHWEIS

Die Liedtexte von Helmut Schlegel sind entnommen aus: Eine Handbreit bei Dir – Neue Texte und Melodien zu allen 150 Psalmen der Bibel, Limburg 2019. www.dehm-verlag.de

S. 21f.: Silja Walter, Gebet des Klosters am Rande der Stadt (Auszüge), aus: Silja Walter, Gesamtausgabe. Band 2, Paulusverlag Fribourg/Schweiz 2000, S. 460–462

S. 30: Ein Lied für Josef von Nazaret. T: Helmut Schlegel, M: Rudi Schäfer, in: Gotteslob Diözesanausgabe Freiburg/Rottenburg-Stuttgart, Nr. 907

S. 59f.: Alfred Delp, Gesammelte Schriften, Bd. 3, Predigten und Ansprachen. Hrsg. von Roman Bleistein, Frankfurt am Main, 1985

S. 62: Reinhard Körner, Gott ist auch wer! Meditationen für die Advents- und Weihnachtszeit, Leipzig 2008, S.13 f.

S. 104: Karl Rahner, Das große Kirchenjahr. Hrsg. von Albert Raffelt, Freiburg 1987, S. 161